语言与经济研究

杨惠媛 梁 英◎主编

安徽师范大学出版社
ANHUI NORMAL UNIVERSITY PRESS
·芜湖·

图书在版编目(CIP)数据

语言与经济研究 / 杨惠媛，梁英主编. — 芜湖 :安徽师范大学出版社，2023.11
ISBN 978-7-5676-6308-4

Ⅰ.①语… Ⅱ.①杨… ②梁… Ⅲ.①语言学－经济学－研究 Ⅳ.①H0-05

中国国家版本馆 CIP 数据核字(2023)第217764号

语言与经济研究

杨惠媛　梁　英◎主编

责任编辑:李克非　平韵冉　　　　责任校对:辛新新
装帧设计:王晴晴　　　　　　　　责任印制:桑国磊
出版发行:安徽师范大学出版社
　　　　芜湖市北京中路2号安徽师范大学赭山校区

网　　址:http://www.ahnupress.com/
发 行 部:0553-3883578　5910327　5910310(传真)
印　　刷:苏州市古得堡数码印刷有限公司
版　　次:2023年11月第1版
印　　次:2023年11月第1次印刷
规　　格:700 mm × 1000 mm　　1/16
印　　张:11.75
字　　数:128千字
书　　号:978-7-5676-6308-4
定　　价:40.00元

凡发现图书有质量问题,请与我社联系(联系电话:0553-5910315)

前　言

经过长时间的打磨，在诸位编者的不懈努力下，在出版社和编辑老师的大力协助下，《语言与经济研究》终于出版了。

语言经济学在我国兴起至今不过二三十年的时间，在这二三十年间，我国语言经济学的理论和实践研究成果层出不穷。研究者包括经济学专业和语言学专业的学者或教师。研究的深度和广度逐渐拓展，研究的成果丰富广博。

本书诸位编者在借鉴中外学者研究成果的基础上，数年来积极参与国内语言经济学研究领域不同层面的交流和实践，经过多年的探究和努力，取得了些许研究成果并汇编成书。本书主要分为四部分，由杨惠媛、梁英负责总体统筹和规划。序论和第三章由杨惠媛和梁英负责编写，第一章和第二章由杨惠媛和郭翠苓负责编写，任艳参与了本书的修改和整理工作。

由于水平和能力所限，书中不足在所难免，敬请读者和方家批评指正，不吝赐教，谨表谢忱！

2023 年 9 月

目　录

第二章 语言学视角下的语言经济学研究

第三章 语言与经济应用研究

序　论　语言与经济研究

——语言经济学

第一节　语言经济学缘起

长期以来，人们并不觉得语言与经济之间存在什么必然联系。从学科领域讲，学者们也曾认为语言与经济是两个风马牛不相及的研究领域。虽说无论是经济活动，还是经济学研究，从来离不开作为工具的语言的参与，但是，语言之于经济的重要性却一直被忽视，语言自身的经济价值和意义就更不曾被人发现和承认。可以说，语言与经济的密切关联，是语言学与经济学发展到一定时期才显现出来的，也是在经济活动中逐渐地自然体现出来的。

当代，把语言与经济正式联系起来进行考察和研究，最早始于国外。最初，在 1965 年，美国信息经济学家马尔沙克（Jacob Marschak）在《行为科学》杂志上发表题为《语言经济学》的文章，把语言和经济直接联系在了一起，他指出经济学与探求语言的优化之间存在密切联系。语言，作为人类经济活动中不可或缺的工具，与其他商品一样，也具有价值、效用、成本和收益等经济特性。马尔沙克只是在进行信息经济学研究时偶然提到了语言与经济之间的联系，"语言经济学"这一术语也随之产生，但是，马尔沙克在这方面的研究和贡献也仅限于上述这些，之后他也没有再在语言与经济或语言经济学方面做进一步的探究。虽然如此，马尔沙克对于语言与经济关系研究的贡献还是不可小觑的，走入语言经济学研究领域的学者都会首先提及并认可其对语言经济学开创性的贡献。其重要贡献体现在两个方面，一是，开创性地提出了"语言经济学"这一术语，为语言经济学成为一门独立的学科打下了基础。二是，有洞见性地指出语言具有价值、效用、成本和收益等鲜明的经济特性，揭示了经济学视角下语言研究的意义和重要性，认为经济学与探求语言的优化之间存在密切联系，这一点在后来的研究中得到验证。然而，做出这些重要贡献后，作为开创语言与经济关系研究先河的人，马尔沙克并没有沿着这个方向继续进行深入探究。当时的其他学者也没有即刻意识到语言与经济之间的关联如此重要和紧密，因此语言经济学作为一门学科并没有马上受到关注和重视。但与此同时，伴随着加拿大等国政治、经济的发展，民族差异使语言与就业和收入之间的联系有了突出和集中的表现，这些表现吸引一批学者把注意力和研究焦点逐渐集中到了语言与经济的关系上，语言经济学的研究这个时候才正式起步。而后，人力资本理论和教育经济学的兴起，为语言经济学的正式确立和发展提供了理论支撑，于是语言经济学这门学科得以规模性地发展。

　　作为一门新兴边缘交叉学科，语言经济学的确立、发展甚至研究内容都是多面而复杂的。它并不像其他学科那样具有顺畅的生成和发展路径、较为清晰的研究边界和研究内容。它的研究范围逐步扩大，并与多个学科相关联，这也是语言经济学至今为止仍处于发展完善阶段的重要原因。好在到目前为止，中外学者针对相关问题进行了广泛研究和探索，大量研究结果推动着语言经济学的框架和内涵向着日臻清晰明确的方向发展，作为一门学科它也变得日趋独立和完善。比如仅就语言经济学的产生而言，我国学者张卫国认为要从三个方面阐明其来源：作为一个术语，"语言经济学"来自前面提到的美国信息经济学开创者马尔沙克的一篇同名文章；作为一个时代产物，语言经济学孕育于民族问题之中，发端于加拿大的官方语言问题；而作为一门学科和研究领域，语言经济学成就于人力资本理论和教育经济学。可见，语言经济学的产生具有复杂的背景和多重缘由。

　　关于语言经济学的定义，学者们也从各自的角度给出了不同的版本。格林（Grin）1994年曾给语言经济学下了这样的定义：语言经济学属于理论经济学的范式，它把经济学通常的概念和手段应用于研究存在语言变量的关系上，尤其（但不仅仅）对那些经济变量传统上也起作用的关系感兴趣。后来，他又指出：下此定义基于这样一个原则，即经济学的特点不在于它研究的话题，而在于研究那些话题所采取的方法。从这个意义上说，把经济学的论证推理方法应用到语言问题上就成为语言经济学的一部分。可见，格林的定义特别强调经济学的研究方法和手段。奇斯维克（Chiswick）也认为，语言经济学是"利用经济学方法和工具研究语言能力的决定因素和后果"。

我国学者也基于自己的研究给出了他们对于语言经济学的定义。苏剑的定义框定了语言经济学所涵盖的研究内容，他认为，语言经济学是一门新兴的具有交叉学科性质的经济学分支学科，它是用经济学的方法和工具研究以下问题：语言如何形成和演变，语言的演变如何影响人们的行为，语言产业及其测度等。张卫国则从狭义和广义两个层面对语言经济学进行了界定：广义上，语言经济学采用经济学的理论、方法及工具，把语言和言语行为当作普遍存在的社会和经济现象来加以研究；狭义上，语言与劳动收入关系研究、语言政策与语言规划的经济学分析、语言动态发展的经济学分析以及博弈论在语言学中的应用等构成了当前语言经济学研究的主要内容。张卫国的这一界定既体现了语言经济学这一学科的严谨性，也体现了它强大的包容性。总之，尽管学者们对语言经济学的定义各有不同侧重，但经济学的思维视角和研究方法都是他们特别加以强调的。

另外，随着研究的深入，语言经济学研究的内容也日渐明确并逐渐得到丰富和发展。最初的语言经济学研究，受到自身发展阶段的限制，主要是应时代之需，解决加拿大等移民国家民众因为使用不同语言而引发的工资收入不平衡的问题。之后，相同研究在存在类似问题的其他欧美国家得到重视和发展。进而，在人力资本理论和教育经济学的激发下，研究者开始关注与语言人力资本相关的、人们为了获取更好的工作机会和更高的收入而进行的语言投资及其引发的方方面面的问题。之后，研究者发现，从经济学角度考察语言，还涉及语言政策和语言规划，语言在各种经济活动中的应用，语言的产生、发展、变化与经济的关系等，甚至博弈论在语言分析中的应用，经济学的语言修辞、语言服务和语言产业、语言扶贫、"一带一路"共建国家经济发展研究等，都逐渐成为语言经济学研究的对象和内容。

第二节　语言经济学促进了经济学量的增长

到目前为止的实践研究证明，语言经济学是语言学和经济学的共同增长点，语言经济学的产生和发展无论是对于语言学还是对于经济学都具有促进作用。我们认为，它对经济学的促进主要体现在量的增长上，而对于语言学的促进则体现在质的提升上。

笔者认为，语言经济学对经济学的贡献主要体现在研究范围的扩大，即所谓量的增长，也就是说语言经济学的产生使经济学在研究内容和应用范围方面得以扩大，这是一种物理变化，但这并不意味着这种变化是不重要的。由于语言自身就是十分复杂的，它不仅涉及社会科学和自然科学的很多方面，同时语言还是社会生活中一个极其活跃的因子，可能引发很多实际问题，因此，把不同层面不同形态的语言作为研究内容与经济学方法论相结合，在扩大经济学研究内容的同时，实际也极大提升了经济学的研究价值。

语言学领域的语言研究，包括源于不同视角的诸多分野，如语言形式与语言功能、语义学、语用学、应用语言学、社会语言学等，语言经济学的语言研究可能涉及上述语言学的各个分野中所包含的各种问题，只是研究的思维角度和方法不同而已。

首先，语言经济学研究涉及语言的各种形式。从语言所包含的形式来看，语言结构、语义、语用等不同层面都已进入语言经济学的研究范畴。也就是说，语言经济学不仅涉及语言应用研究，也涉及语言本体研究。单从语言应用方面讲，语言经济学所涵盖的语言问题也是繁杂丰富的。它既包括语言与经济活动的关系，也包括语言与教育、就业、收入等方面的关系，还包括语言与社会经济文化发展、语言规划、语言策略等方方面面的关系。但是，语言经济学又不局限于语言应用研究，近年来，学者们把视野放得更宽广，语言的语汇和结构等的博弈论分析（鲁宾斯坦）、语言产生和发展演变（苏剑）、语言服务、语言产业研究等，也都进入语言经济学研究的范畴。

其次，语言经济学研究涉及语言各方面的内容。如前所述，语言经济学涉及语言各个领域所包含的各种问题，但更加注重与经济因素相关的内容。比如从语言的形式与功能角度看，语言经济学更多涉及的是语言功能方面的研究，因为语言经济学特别强调语言在价值、效用、成本、收益等方面的表现，而这些一般是在语言应用中才能体现出来的。语言只有投入使用，其价值高低、效用优劣，以及成本与收益是否合算等才能有所展现。

而语言应用又可在诸多行业领域或社会生活的不同层面得以实现，所以这方面的研究也是多层面多角度且丰富多彩的。

再比如从本族语与外语的角度来看，语言经济学可以借助经济学的人力资本理论、成本收益以及效益最大化理论等对语言能力，特别是外语能力在劳动力市场中对就业机会和劳动者收入的影响，以及习得效果和习得过程中的投资回报率等不同方面展开丰富的研究。由于一些历史原因，这类研究在欧美如瑞士、加拿大等国开展得比较多，从经济学角度研究此类问题，我国在近年才刚刚开始重视。同时，无论是本族语还是外语，都会涉及语言政策和语言规划的问题。这一问题也受到我国语言学界著名学者李宇明等的重视。同时，经济学角度的建模技术等使得这些方面的研究摆脱了以往社会学和语用学中此类研究仅凭推理性论证和解释而得出结论的做法，使研究过程和结果都变得更加理性和科学，这在一定程度上弥补了社会科学研究方法论方面的某些不足。

从语言的经济效能或产业性角度讲，语言产品、语言服务、语言扶贫、社会语言生活等语言产业研究也已进入语言经济学的研究范畴。黄少安就语言产业的概念作出了如下定义：我们认为语言产业是这样一种生产和服务活动——它主要采取市场化的经营方式生产语言类产品或者语言服务，满足国家或者个人对各种语言类产品或者语言服务的多层次需求。他还指出，从微观层面讲，各类语言类产品能够提高个人语言技能，增加个人人力资本，满足个人多层次的经济需求。从宏观层面讲，各类语言产业的形成和发展可以有效推动一个国家或地区的经济增长。例如，根据格林的统计结果，英国凭借英语在国际上的强势地位，每年可获得100亿欧元的净值利润，如果考虑投资方面的优势，英国每年可以获得170亿到180亿欧元的收益。近年来，汉语国际推广初见成效，作为世界上使用人口最多的语言，汉语同样拥有巨大的产业潜在势能，特别是"一带一路"倡议和人类命运共同体理念的提出，使我们意识到，这方面的工作尚大有可为，同时它也是我们应该认真研究并努力开发的课题。

还需要强调的是，语言经济学研究注重经济学思维和方法的覆盖性应用。语言经济学领域的语言研究与语言学领域的语言研究，其本质区别就在于思维角度和研究方法不同。格林也曾强调，经济学的特点不在于它研究的话题，而在于研究那些话题所采取的方法。始终坚持经济学的思维角度和研究方法，是语言经济学的突出特点。没有这一特点的研究，就不算是语言经济学研究了。

上述所列举的有关语言经济学研究的内容并没有穷尽。也就是说，语言经济学对经济学研究的增量还远不止这些。语言经济学涉及的语言问题实际包括语言学所涉及问题的各个方面，只是语言经济学研究语言问题时，其切入点、方法手段或侧重点有所不同。它更强调与经济因素发生联系的各种语言问题和现象。不仅在内容上有侧重有重点，更主要的是在研究方法上更加突出经济学的研究方法和手段，这恰恰体现了语言经济学的特征。虽然从表面上看语言经济学只是扩大了经济学研究的领域和经济学方法应用的范围，但因为语言存在于人类社会生活和工作的方方面面、角角落落，所以，运用经济学的方法和工具研究语言问题，实质上大大提高了经济学对于人类社会的关注和贡献，意义十分重大。

第三节　语言经济学使语言学研究发生了质的变化

比较而言，语言经济学对于语言学研究的影响更加深刻，引发的是一种质的变化。语言经济学对于语言学研究的贡献主要体现在两个方面：其一，对语言本身从一个全新的角度——经济学的视角进行认识和界定；其二，为语言学研究提供了更为理性科学的研究方法和切入点，即经济学的研究思路和方法。这种变化，实际上实现了语言学研究的一次提升和飞跃，不仅对于语言学领域本身，而且对于我们生活其中的整个社会和社会中的每一个成员都具有重要的理论价值和现实意义。

传统语言学从进行语言的字词句的研究发展到把语言放入社会文化语境下进行考察，涉及语言本体和语言应用研究的不同维度和侧面，其内容是十分繁杂的。而语言经济学把语言研究又引入一个不同以往的语境中，即从经济学角度对语言进行不同层面的审视和研究，在新的语境中和视角下，语言也展现出不同以往的特征和属性。语言经济学使人们认识到，语言像其他资源一样不仅有价值高低之分，也有效用优劣之别，在语言获得与应用产出的过程中，还可能涉及成本投入与收益核算等方面的考虑。语言在各种社会活动中具有特殊的经济价值，这一价值受到诸多因素的影响，而它反过来也会影响社会中的不同个体和群体的各种活动与选择。

首先，语言经济学从经济学角度对语言进行再认识。语言经济学最先指出语言的经济学属性，即它和其他资源一样具有价值、效用、成本、收益等特性。这一理论的提出者马尔沙克也同时最先提出了"语言经济学"的概念。虽然他对于语言经济学没有更多的贡献，但必须承认，他的上述论断是一个伟大的概括和发现，揭示了语言经济学的思想核心。

虽然在马尔沙克之前，一些经济学家（如亚当·斯密）和语言学家（如萨丕尔和布隆菲尔德）在论述人类活动、语言的起源和作用时都提到语言与经济活动的关系，但是他们都没有明确而直接地提出语言经济学的概念，更没有做过相关的具体深入的研究，没能够揭示语言的经济学特性。马尔沙克的发现和当时欧美一些国家源于民族语言与收入关系等问题的研究，在人力资本理论和教育经济学的烘托下，打开了通往语言经济学这一新的交叉学科的大门。最初的学者可能并没有意识到自己是在进行语言经济学研究，但是随着研究深度的增加和研究广度的扩大，这一新的研究领域的轮廓日渐明晰。同时，研究成果也使得当初马尔沙克关于语言具有价值、效用、成本、收益等经济特性的断言得到了印证和落实。

近些年，学者们通过这方面的研究和探索对语言有了更加全面和清晰的认识，语言的概念在经济学思想下被重新概括和界定。我国学者张卫国在总结中外语言与经济学相关研究成果的基础上，提出了语言经济学研究的总体维度和框架。他指出，语言（技能）是一种人力资本，（官方）语言是一种公共产品，（社会）语言是一种制度，对语言做出了具有经济学特色的重新界定。这是语言认知和语言研究的一次深化和质的飞跃。

　　其次，语言经济学使语言研究实现了又一次跨界。语言经济学把语言置于经济活动中进行考察，实现了语言学研究的另一次跨界，从而使语言与人力资本、教育经济学等概念发生了联系，进而与成本收益分析、效用最大化、投入产出率等经济学思维发生了联系。20世纪，随着科学研究的进步和人们对于语言认识的加深，语言与其他领域研究的结合也逐渐展开。比如，哲学研究的"语言转向"实现了语言学与哲学的结合，语言在社会生活中的重要表现催生了社会语言学（语言社会学）的出现，语言在自然科学研究中的作用也同样引起重视，于是神经语言学、计算语言学等交叉学科领域随之形成。经济活动和语言现象在人类社会中分别扮演着重要角色，发挥着重要作用，二者在社会活动中存在着或已为人知或尚不为人知的复杂关系，因此，语言经济学的出现和存在，既是必然发生的，又是十分重要的。

　　最后，经济学的研究方法使语言学的研究过程和结果更加理性和科学。语言经济学的重要特征就是强调经济学的研究方法。这是带给语言研究的另一个增量和提升。语言研究长期以来被攻击和诟病的环节之一就是缺少科学的研究方法，因而研究结果往往被质疑偏于感性和主观。虽然近些年学者在社会语言学和应用语言学等领域的研究中引入了统计学的一些研究方法，也借助了大量的计算软硬件，使语言学的研究方法有了改进，但是，经济学的研究思路和手段还是为语言研究开辟了一片新的天地。比如，同样研究某种语言的掌握情况对工资收入的影响，利用经济学数理公式得出的计算结果就比以往语言研究通过数据统计和观察得出的结果来得更加理性科学，因而更有说服力。在语言规划研究中，通过建模计算得出的结论要比社会语言学调查分析得出的结果更加客观。进一步讲，如果采取综合方式，将两种研究手段相结合，将研究结果综合比较和考察，必然会得出可信度更高的研究结果。当然，必须指出，语言本身的人文属性很强，它与它所处的社会文化环境和人文氛围息息相关，这些在语言研究中是不容忽视的元素。但是在这些因素相对稳定的前提下，在研究具体语言问题时，采用更加科学理性的经济学研究方法应该被大加提倡，也是理所应当的，因为如前所述，这会使语言研究的过程和结果更加理性、可靠。

综上，语言经济学研究的内容是语言在与经济相关的各种活动中的表现，研究的方法是经济学的思维视角和手段。从经济学角度讲，语言经济学扩大了经济学的研究视域和研究范围。但是，把语言纳入自己的研究领地，首先需要对语言的属性有一个全面客观的了解，这是经济学学者在进行语言经济学研究时需要借助和参考语言学研究成果的地方。从语言学角度讲，语言经济学使得语言研究发生了质的变化和飞跃。而实现这一飞跃凭借的是经济学的思维和方法，这又是语言学研究者所欠缺的。这里，分析语言经济学对于经济学和语言学分别具有什么样的贡献和增值，并不是要把语言经济学研究划分为语言研究和经济研究两个方面或是把二者割裂开来。相反，这样做的目的，恰恰是希望在认清各自优势和不足的前提下加强语言经济学框架下语言学和经济学研究的结合与联系，扬长补短，在发挥各自优势的同时依托并发扬对方的优势和强项，这样才有可能取得语言经济学研究的突破，才能推动语言经济学这门新兴交叉学科健康快速地发展，进而更好地服务于社会和社会中的每一个人。

第四节　语言经济学的语言观

语言伴随着人类社会的发展而产生、发展和被使用，也伴随着社会的发展和科学研究的进步而得到人们日益全面清晰的认识。人们对它的认识越清晰全面，它就越能够为人们所充分利用，从而造福社会和人类。语言经济学就为人类开辟了语言认知和语言研究的新视角，打开了语言应用研究的一片新天地。

　　语言经济学把语言放在经济学语境中进行考察和审视，揭示语言不同以往的诸多特质和功能。语言经济学是以语言学和经济学为主，跨越语言学、经济学、社会学、人类学、心理学等诸多领域的一门交叉学科，它的形成和产生是社会发展的需要，也是社会科学研究发展到一定阶段的必然结果。语言经济学揭示了语言在经济活动中的独特作用和价值，对语言学和经济学研究都起到了一定的推动和促进作用。如何认定和看待语言，是语言经济学的一个关键问题。到目前为止，学者们概括了语言经济学如下的语言观。

　　首先，语言经济学超越以往任何阶段的语言研究对语言特征的认识，明确提出语言具有价值、效用、成本、收益等经济特性。这一观点最早由信息经济学创始人马尔沙克提出，揭示了语言的经济学实质和特性，是语言经济学的思想核心。应该承认，无论是经济学家，如亚当·斯密，还是语言学家，如索绪尔等，都在更早时候认识到了语言与经济之间存在密切的联系，语言在人类经济活动中发挥着不可替代的作用。但是他们都没有深刻地认识到语言的经济特性，没能就语言的经济特性提出具体明确的论断。针对语言与经济的研究最早可以追溯到经济学的鼻祖亚当·斯密（Adam Smith），他指出：从来没有人看到过一只狗与另一只狗进行公平的、有意识的骨头交易。因此，"交易需要语言"。语言学大师索绪尔所著的《普通语言学教程》在很多方面体现了经济学思想，他还认为研究语言学与研究政治经济学存在相似性，其相似性在于人们都面临着价值这个概念。向明友研究认为，索绪尔的语言价值学说，组合、聚合学说及共时、历时理论的形成都不同程度地受到当时德国、法国、瑞士及奥地利等国的经济学家的学术思想的影响和启示。向明友还指出，在借鉴经济学思想为语言学所用上，索绪尔留给后人一定的启示，不过也留有缺憾。因此，他预言现代西方经济学思想将会为现代语言学的语言及言语行为研究提供更多、更有效的借鉴。

今天看来，马尔沙克有关语言具有价值、效用、成本、收益等经济特性的论断非常简单，但是就人类对语言的认知和研究而言，这是一次质的飞跃。虽然在提出语言的这几个经济特性的同时，马尔沙克并没有对它进行详细的解释和阐述，但这些特性却在后来的语言经济学相关研究中得到了印证。这一发现在当时能够被提出显得难能可贵，意义非常重大，它总结出了语言以往不为人知的重要特征，既扩大了经济学研究的视角和范围，也为语言研究提供了新的思路和方法，开辟了语言研究的一片新天地。

其次，语言是人力资本、公共产品和制度。我国学者张卫国经过深入研究，在总结分析中外众多学者研究成果的基础上，提出了支撑语言经济学研究的三个重要维度：语言是人力资本、语言是公共产品和语言是一种制度。它对作为人力资本、公共产品和制度的语言分别进行了充分而翔实的论证，在此基础上，对各方面的已有研究和未来可能开展的研究进行了分析与展望。他的这些研究在语言经济学研究中具有承前启后的价值和作用。

语言是一种人力资本。语言经济学认为，从人力资本的角度看，语言是人力资本的一种形式，学习一种或多种语言是对人力资本特定形式的投资。一方面，那些移民国家和多语种国家的实际情况证明，语言的掌握情况和人们就业以及收入之间确实存在着不容忽视的密切联系。另一方面，人力资本理论的推广为人们认识语言提供了新的视角。于是，研究者发现，劳动者的语言技能具有人力资本的特性（它符合人力资本的三个特征，即要花费成本才能获得、具有生产性、依附于人体），它是附着于人身的一种具有经济价值的技能，它会直接影响一个人在社会生活和经济活动中的机遇和业绩。语言作为一种技能，自然会产生经济效益。掌握多种语言可以使人在胜任不同经济环境中的工作和增加国际贸易与旅游的机会等方面更具有竞争优势。多说一种语言的能力还可以增加个人可能的贸易伙伴数量，进而对其工作业绩产生积极的作用。语言能力能够增加人力资本的储备，因此人们乐于通过投资去获取这项技能。语言的人力资本特性还涉及语言学习的投资回报率问题，因此，双语教育以及二语习得等也属于语言经济学关心的范畴。

张忻分析指出，把语言界定为一种人力资本是语言经济学家的创举。语言是可以用来补充和取代其他类型资本的人力资本，是获得其他人力资本（知识和技能）的工具性资本。语言的"资本性"是经济时代的必然产物。学习外语是对人力资本生产的一种经济投资。人们学习外语的部分原因是受经济因素的影响，即考虑学习外语的"投资费用"和学成语言后的"投资预期效益"。会用一种或多种外语进行交流的语言技能被越来越多的人视为一种含金量高的"语言资本"，因为预期回报率高，所以人们对投资外语学习乐此不疲。语言的经济价值有高低之分，主要是取决于该语言在各种任务、各种职业和部门的活动中的使用程度，而使用程度又受到该语言的供求法则的支配。语言这一人力资本的经济效用取决于诸多因素，如劳动力市场的急需程度、交易市场的应用多寡、消费心理取向、人际交往的频率等。

另外，作为人力资本的语言，既然拥有经济价值，就会影响人们对它的态度和判断。小到个人选择学习何种语言，投入多少，大到一个国家针对一种语言应采取何种政策和措施，都需要设计和规划。一般认为，语言政策是指关于语言和社会生活之间关系的一系列有意识的选择；对某种语言政策的实施——也就是付诸行动，则是语言规划。就一个国家或一个城市而言，语言政策和语言规划对其经济的影响是不容忽视的，它应该被列为国策的一部分。由此，语言政策与语言规划的研究构成语言经济学的重要组成部分。

针对作为公共产品和制度的语言，迄今为止，张卫国的研究是最为翔实的。虽然在他之前，也有语言学家和经济学家如索绪尔、黄少安提出类似的观点，但是从经济学角度进行分析，或者进行如此充分而翔实的分析的，非张卫国莫属。他分别从语言作为公共产品和制度的命题界定、实际应用和思考等不同方面阐述并举证了他提出的观点，遗憾的是，正如他总结指出的，针对语言作为人力资本的语言经济学研究成果丰厚，而针对语言作为公共产品和制度的研究成果却十分匮乏。这当然与作为人力资本的语言在社会生活中实用性更强、经济特性更明显有关，但是，也与学者们对于语言作为公共产品和制度这两个属性关注不足、研究不够深入有关。这也为语言经济学的进一步发展和完善提供了更广泛的命题和更大的空间。

最后，语言经济学的另一个语言观，即语言是一种生产力，这一点比较好理解。虽然如此，语言的这一经济特性尚无人明确提出。在谈到语言的人力资本属性时，涉及了人力资本的三个条件，其中之一就是生产性，也就是说，具备生产性是语言成为人力资本的一个必要条件。因此，在承认语言的人力资本属性时实际上就已承认了语言的生产性，也就承认了语言是一种生产力。但是，语言的生产力属性是一个重要而又意义重大的特性，因此有必要进一步明确和论证。

从语言自身的特征来看，语言具有主动性和创造性，具备生产性潜力。随着语言研究的深入，人们发现，语言除了具备描述和反映客观世界、表达思想感情的功能以外，还具备以往未被发现的施事功能。奥斯汀在其名篇《如何以言行事》中最早明确了语言具有施事功能，从而为后来的言语行为理论奠定了坚实的基础。他的研究结果让我们认识到，语言不仅可以对客观世界和人类行为进行静态描述，还可以引发动态效能，人们在说话的同时就是在做事，会引发施事效果。语言不仅可以描述客观事实也可以改变客观事实。这样，人们对语言的认知事实上实现了划时代的进步。

韩礼德系统功能语法的一个重要观点也认为语言是

一种社会实践，是用来做事的。韩礼德的系统功能语法把语言功能概括为三大元功能：概念功能，认为语言是对存在于主客观世界的过程和事物的反映；人际功能，认为语言是社会人的有意义的活动，是做事的手段，是一种动作，其功能之一必然是反映人与人之间的关系；语篇功能，认为实际使用中的语言的基本单位不是词或句，而是表达相对来说具有完整意思的语篇。前两种功能最后要由说话人把它们组织成语篇才能实现，深入考察三种功能的关系可以发现，"做事"功能实际上贯穿于三种功能之间，把三种功能联结成有机整体。"做事"功能具体体现于人际功能中，通过概念功能和语篇功能最终得以实现，是语言整体功能的核心。

在综合和借鉴多家语言理论基础上形成的批评话语分析学说，更是认为语言具有极强的主动性和创造力，它与客观世界和人类意识形态的变革之间存在密切的互动关系。批评话语分析学说认为，语言是一种社会实践，语言不仅反映和描述社会现实，更能创造和改变社会现实。批评话语分析的代表人物费尔克劳夫，早期主要借鉴系统功能语言学的思想，坚持认为话语分析应该从文本、话语实践和社会实践三个向度来进行，把话语分析的关注点从文本层面发展到对语言与社会关系解释的层面。后来他进一步把话语分析看作社会语言学的一部分，充分吸收和借鉴了批评社会科学的养分，对话语分析的内涵又有了新的认识，从而把话语分析的使命上升为能够干预社会实践和社会关系，解决社会实际问题，参与社会变革。田海龙也指出，批评话语分析理论关注社会问题，这表现在两个方面：其一，它以社会问题研究为出发点；其二，它以解决社会问题为研究目的。话语再现和改变社会与文化、影响意识形态，语言结构影响和改变社会结构，而语言结构与社会结构的关系由中介体——语言联系在一起。田海龙还援引 TeunA.vanDijk 的话说，社会结构只有通过社会成员对社会的心理构建和解读才与话语结构直接联系起来。由此不难看出，如同功能语言学的其他研究成果一样，批评话语分析学说充分认识和肯定了语言的积极性和能动性，认为语言对于客观世界和人的思想具有改变和构建作用。

另外，从生产力这一概念的内涵来看，语言符合生产力的定义和要件。政治经济学认为，人类改造自然的能力即生产力。通俗地讲，生产力就是人们进行生产活动的能力，它是人们进行物质生产和精神生产的基本条件。因此，生产力又有物质生产力和精神生产力之分。构成生产力的基本要素是以生产工具为主的劳动资料，即语言的字词句语篇等不同构成形式；引入生产过程的劳动对象，即由语言的不同形式组建而成的各类产品和结果；具有一定生产经验与劳动技能的劳动者，即以不同形式使用语言的人。综上，可以肯定地说，语言符合生产力的基本特征和要件，是一种特殊的生产力。语言功能的多样性和复杂性决定了语言既是一种物质生产力也是一种精神生产力。语言的生产力属性体现在社会经济、文化等各种活动中，如文学作品的生产创作、商务贸易谈判、日常讨价还价等。

语言经济学从不同以往的经济学视角考察和研究语言与语言活动，它综合并吸纳了语言学和经济学的重要概念和研究成果，对语言学和经济学研究都具有促进和提升作用。

第五节　语言与经济博弈

语言的轮回和交锋就是博弈。博弈论最早是由精通此道的经济学家引入语言研究的。其代表人物是著名经济学家鲁宾斯坦，在其所著的语言经济学文集——《经济学与语言》中，有两篇论文涉及博弈论在语言运用中的表现。他以语用学中的"合作原则"和"论辩"这两种语用行为为例，阐述了关于语言运用中的博弈论思想以及博弈论修辞的应用。另外，他也冷静地分析了博弈论在现实中的应用问题——一方面，不应该过分夸大博弈论的"实践应用性";另一方面,博弈论的概念和原理也特别适用于有大量"局中人"参与的各种语言运用现象的分析。语言的轮回和交锋就是一种博弈,因此,在解释语言现象时,博弈论工具可能最为有效。鲁宾斯坦还指出,博弈论正进入一个新的研究时代,很快将能看到它激动人心的发展。简单地讲,到目前为止的研究认为,虽然如鲁宾斯坦所指出的那样,不能过于夸大博弈论的实践应用价值,把它当作"决策者的行动指南",但是博弈论在包括日常交际、商务会谈、外交谈判、法庭辩论、文学语用等不同层面的语言行为研究中具有很强的适用性和应用价值。这方面研究的推广和开发值得期待。

无论如何,博弈论与语言研究的结合只是语言经济学研究内容的一部分。作为一门新兴交叉学科,语言经济学既具科学研究价值又有很强的实践应用价值,它是以语言学和经济学为主,跨越诸多学科门类的一门交叉学科。语言经济学关注语言在经济活动中特殊的作用和价值,对与社会生活紧密相关的语言学和经济学研究起到了很大的推动和促进作用。

秦朝的"书同文"政策在一定程度上保障了国家的统一和经济实力的强大。目前世界范围内的英语热,我国曾出现的粤语北上,方言情结以及当前孔子学院在国外的蓬勃发展等都是语言与经济学交互作用的实例。进入 21 世纪，随着语言经济学的发展，也由于博弈论在经济学研究中的地位和作用日益突出，博弈论与语言分析的结合、语用博弈与经济学的关系等研究也被经济学家引入语言经济学。但这方面的研究成果还不像其他方面那样丰厚充实。从宏观上讲，经济学语言的修辞研究也属于语言经济学研究的范畴，这方面成绩最为突出的是美国经济学家迈克洛斯基，她支持"修辞就是语言的经济学"的说法，并著有《经济学的花言巧语》等著作。

语言经济学研究于 20 世纪 90 年代引入中国，最早始于针对外语教学的经济学研究。语言经济学研究在我国起步虽晚，但发展迅猛。目前，国内有一批经济学者和语言学者在携手致力于这方面的研究，并取得了显著成果。北京大学、复旦大学都有经济学家关注和推动语言经济学研究。山东大学经济研究院每年都会举办语言经济学论坛，至今已成功举办十三届，成为学者们交流互动的平台。随着研究的扩展和深入，全国众多高校和研究机构都有学者陆续开始关注并参与语言经济学研究，国家语委也从研究平台建设、研究项目确立、研究经费资助、研究者培训交流等方面给予大力支持，推动了语言经济学研究在我国的快速发展。

　　学者们从学术角度关注和研究语言经济学，而语言经济学与寻常百姓并非毫不相干。大家是否意识到，"语言"和"经济"实际上是我们每天工作和生活都离不开的两个重要元素，"语言"是每个人天生具备、不可或缺的一种自然属性，而"经济"是当今人类社会随处发生影响的一个作用因素，那么把这两个重要因素结合起来的语言经济学同样伴随着我们工作和生活的每一天。因为"经济、社会效益最大化"和"低投入高产出"是我们工作和生活中的自然理想追求。

　　职场上因为语言水平或语言的驾驭能力而影响经济效益和个人收入的案例不胜枚举。比如，工程设计、广告策划、劳动管理等领域，不具备较强书面语言能力的人是无法胜任的，演员、主持人、导游、导购等职业，都需要具有突出的语言表达能力，同声传译、国际组织雇员则需要掌握双语或多语技能，而这些与职业相关的语言技能，又与个人的经济收入相关。学习英语也是一种经济投入，最早把语言经济学引入我国的学者之一——语用学家何自然先生就认为，掌握英语的目的就在于想要取得预期的经济效益。日常生活中最常见的讨价还价现象也是通过语言博弈获取更大经济利益的表现。凡此种种，语言经济学与日常生活的联系不胜枚举。事实证明，语言经济学不仅已经对我国社会经济、文化的发展和研究发挥了不容忽视的促进作用，而且还将会发挥更大作用。

第一章　经济学视角下的语言经济学研究

　　语言经济学是联结经济学和语言学的一门交叉学科。正是得益于语言经济学的这一学科性质，学者们可以分别从经济学和语言学的视角切入，从事语言经济学研究。本章将从经济学的视角出发，对语言与经济发展关系的研究进行综述，对历史上经济发展影响语言发展的现象、相关理论研究和实证研究进行综合梳理，并提出笔者的一些个人见解，以期与同行学者进行交流，为语言经济学的研究和发展提供帮助与引导。

第一节　经济的发展影响语言的发展变化

1.经济的发展变化驱动新词汇的萌生

早在亚当·斯密时期，他就通过自己的研究和考察在经济和语言之间建立起了联系，在其巨著《国富论》的第一卷第二章中，他指出从来没有人看到过一只狗与另一只狗进行公平的、有意识的骨头交易。这一方面说明了人类和其他动物的最大不同之处就是人类社会有语言存在；另一方面也说明人与人之间的交易是需要语言的，而交易是经济学领域中的常见术语，由此，亚当·斯密在经济和语言之间建立了一种联系，为人类语言的运用提供了一个经济平台。在交易中，语言不但是必不可少的工具，而且在交易中还会不断涌现出相关的新词汇。亚当·斯密的观点虽然还不曾深入探究语言与经济的关系，但肯定的是，他为以后研究者对经济和语言关系的深入认识和研究提供了一个导引。

古往今来，随着社会的不断进步，经济出现飞速发展，经济发展的同时带动了科学技术的进步，这些无疑会催生出一个个新生事物，伴随新生事物而来的便是大量新词汇的涌现。斯大林曾在《马克思主义与语言学问题》中讲到语言的词汇变化不是通过"去除旧的，建设新的"这种方式来实现的，而是通过注入新词的方式来实现的，而这些新词汇是社会制度改变，生产、文化、科学等方面变化的结果。在当今学术界，也有一些学者对新词汇的萌生进行研究，探究经济发展对语言发展的影响。笔者在知网中输入关键字"新词汇的演变"进行检索，并对相关文献进行汇总整理，发现以汉语和英语为研究对象的文献相对较多。基于此，同时也鉴于汉语和英语这两种语言的特殊性和代表性（汉语是世界上历史悠久、发展水平最高的语言之一，而英语是世界通用程度最高的语言），本节将以案例的形式，通过梳理汉语和英语中出现的新词汇，揭示经济发展对新词汇涌现的推动作用。

恩格斯有句名言"劳动创造了人本身"，而语言是人类的专属，因此可以说劳动创造了语言。在语言产生之前，经济活动对语言的影响比较隐秘，在语言产生之后，经济活动对语言的影响变得显而易见。在人类社会早期，人类主要以自然经济为主，于是产生了很多和自然经济紧密相关的词汇。党兰玲揭示了经济形态对语言发展变化的影响，她以畜牧业经济形态为例，阐释了我国从古代至今的词汇特色。她谈到，在我国古代的语言中，表示畜牧名称的词汇相当丰富，据统计，《诗经》中表示马的词语不少于50个。如今，在我国的56个民族中，蒙古族仍以畜牧业的经济形态为主，因而蒙古族语言中不乏描写牲畜颜色、大小、品种、价值的词语。袁俏玲的研究还通过一个词的意义的变化揭示了经济形态对语言的影响。她提到，希腊文"Nomos"的词义从"草原、牧场"演变为"居留、住所"，这反映了从游牧经济到农业定居经济的经济形态转变。由于经济状况的变化，我们也看到了一个脱胎于旧有词义的全新词语，即"居留、住所"。在我国历史上，"文景之治"和"贞观之治"堪称汉代和唐代的最兴盛时期，这两个兴盛时期也是新词汇涌现的高峰期。这也充分说明经济发展带动语言的变化发展。改革开放以来，汉语呈现了又一个新词涌现的高峰，增添了大量的新词语，其数量之多不胜枚举，这也是词语反映新时代经济变化的必然结果。

作为世界通用程度最高的语言，英语词汇也随着社会经济的发展而不断丰富，从英语新词汇中，我们也可以窥见经济发展对语言发展变化的影响。庄金英在2012年发表的文章《浅议英语词汇发展变化及其影响因素》中提到，随着经济全球化和区域经济一体化的发展，国际贸易更加频繁，于是涌现出了大量的新产品、新名词和新概念，如WTO（世界贸易组织）、OPEC（石油输出国组织）、IMF（国际货币基金组织）。1995年，欧盟统一货币，Euro（欧元）一词被大众广泛地接受和关注。

此外，日美欧频频发生 trade war（贸易战），人们开始关注 level playing field（公平竞争领域）、income gap（收入差别）、income inequality（收入不公）、wealth disparity（财富两极分化）等词。又例如，在 2018 年 10 月 27 日至 2018 年 11 月 2 日的一周热词中，"digital services tax（数字服务税）"登上热词榜，该税种专门针对全球年收入超过 5 亿英镑的大型公司。高收入从一定程度上反映了全球经济的发展，全球经济的发展和全球大型公司年收入的激增催生了"digital services tax"这一新词。

以上实例均反映出，经济的发展推进了新词汇的涌现和增加，丰富并扩展了原有语言的词汇。一个时代的词汇是这个时代经济社会发展的映射，是这个时代的一面镜子。同时，透过新词汇，我们也可以对这个时代经济社会的发展走向和繁荣程度有所了解。

2.经济全球化促进语言全球化

人类的经济活动离不开语言，又通过语言得以表达和反映，因此，经济全球化在一定程度上促进了语言全球化，语言全球化又是语言扩张的一种表现。随着经济全球化的发展，一些语言因为跟不上全球化的步伐而日渐衰落，相反，一些语言会因为本国经济强大的影响力而在经济全球化的进程中日益活跃，逐渐进入其他语言种群。本节以当今在世界通用度最高的英语和渐渐"热起来"的汉语作为实例，阐释经济发展对语言扩张的推动作用，并进一步分析经济全球化对语言全球化的促进作用。

从16世纪开始，英国就逐渐成为世界海上霸主，在世界各地广建殖民地，每个殖民地的行政语言均是英语，这样一来，殖民地的扩张推动了英语的扩张。进入20世纪后，英国却日渐衰落，在经济和军事方面，都无法与新兴的美国相抗衡。工业革命和飞速发展的科技为美国赢得了世界第一大国的特殊地位，英语的地位又因美国的强大而提高，其影响力越来越大。经济全球化为英语提供了一个自我展示的平台，为英语的扩张提供了机遇，从此，英语便依赖世界经济文化活动进一步扩张。随着经济全球化的推进，英语已经成为当之无愧的全球性语言。

近些年，随着我国改革开放的深入，经济快速发展，综合国力不断增强，汉语的国际影响力随之越来越大，孔子学院和孔子课堂在国外的设立便是最好的见证。据统计，截至2019年12月，全球已有162个国家（地区）建立了550所孔子学院和1172个中小学孔子课堂。孔子学院给全球各地的汉语学习者提供规范、权威的现代汉语教材和正规的汉语学习渠道，选拔优秀的汉语教师，为汉语的学习和应用提供了极其便利的条件。其实，这不仅是中国经济发展、综合国力增强的表现，更是经济全球化在语言环境方面的反映。经济全球化为中国走向世界提供了一个平台，更为汉语走向世界提供了机遇和条件，同时也为世界各国了解、学习、掌握汉语言文化提供了极大的可能。在经济全球化的背景下，各国都认识到多元文化的重要性，日益强大的中国和博大精深的中华文化受到各国人民的广泛关注。在 2007 年，范宏伟和刘晓民就曾提到，尽管华文教育是以华人华侨为教育对象的民族语言教学，但随着中国新移民数量的不断增加和在全球范围内的更广泛的分布，华文教育在更多新的地方涌现，同时，越来越多的非华裔子弟成为华文教育的教育对象。这表明，在 2007 年，汉语就已经在世界其他一些国家产生了一定影响，如今，汉语的全球影响力更是不容小觑。

英语成为世界通用度最高的语言，汉语在全球的影响力日益增强，这些都与经济发展带动语言变化以及经济全球化是分不开的。在经济全球化的进程中，更多国家认识到文化多样性的重要，为语言全球化提供了可能。与此同时，更加不可忽视的是，一个国家综合国力的增强为本国语言的全球化推广起到了非常强大的推动作用。

3.经济发展促进语言传播

近现代语言的大范围传播，通过两个渠道实现：第一，语言传播通过武力手段来实现。例如，在殖民时期，运用武力对殖民地进行征服，强制推行殖民教育和殖民语言。第二，语言传播通过商品经济的发展来实现。经济的交流带动了语言的交流和传播。除了这两大渠道，笔者认为语言的传播还可以通过政治外交活动、宗教传播和教育活动等途径来实现。以下将聚焦经济发展对语言传播的促进作用，仍以英语和汉语这两大语种为例。

在人类社会的游牧文明和农耕文明时期，人类的经济形态以自然经济为主，科技和交通欠发达，较大空间上的经济交流相对困难，经济贸易的范围比较小，因此，人们进行经济贸易往来的语言障碍比较少。在这一时期，经济发展对语言传播的作用还不是很显著。

经济发展对语言传播的促进作用在资本主义发展时期则很明显。杨密谈到，公元5世纪和6世纪，盎格鲁人、撒克逊人和裘特人陆续到达不列颠，英语自此有了开端。英国进入资本主义阶段后，经济实力大大增强，商品生产大幅增加，需要开辟新的产品市场和原材料供应地，殖民扩张由此开始。殖民扩张的直接结果之一是带动了这些殖民国家的语言的扩张。在一步步的殖民扩张中，英国成了历史上率先完成资产阶级革命和工业革命的国家，并最早开启工业化生产方式，这些经济活动为英语赢得了优越感，而后起的美国等英语国家共同创造了自由市场经济，经济贸易的范围也不断扩大，加速了英语的传播，扩大了英语的传播范围。

不仅是英语，就汉语而言，同样如此，中国经济的发展促进了汉语的广泛传播。在古代，汉语曾长期作为东亚最重要的语种而存在。"贞观之治"是我国唐朝盛世，随着这一时代的到来，陆地与海上丝绸之路的畅通，许多国家的商人、使节、僧侣与留学生，大量涌入唐朝境内，在丝绸之路沿线，在长安、洛阳、广州、扬州等地都有大量的外国人、外族人居住，这些外国人和外族人无疑传播了唐朝的文化，促进了汉语言的传播。

到了现代，改革开放为汉语的传播提供了更有利的契机。改革开放以来，中国的经济实力和综合国力不断增强，国际影响力与日俱增。在全球化的背景下，日益腾飞的中国意味着巨大的经济市场和无限的商机，中国与其他国家的经济交流日益频繁，为了更好地与中国进行交流，很多国家越发重视对汉语言文化的学习和掌握，汉语受到更大的关注。

由此可见，无论是英语从一个岛国语言演化成当今世界通用度最高的语言，还是历史上汉语言在国际交往中的影响，以及近几年在世界范围内兴起的"汉语热"，在诸多促成因素中，经济的发展皆是其重要因素之一。

第二节 经济学视角下语言与经济的理论研究

1999年，许其潮将"语言经济学"这一概念引入中国，时至今日，在语言经济学领域，已经涌现出大量的国内外理论研究和实证研究。本节拟从经济学的视角出发，着眼于语言与经济的相关理论研究。现有研究成果表明，该视角下的语言与经济相关理论包括人力资本理论和教育经济学、公共产品和外部性理论、博弈论等。以下将对此进行综述，力求通过讨论和介绍展现语言与经济理论研究的全景。

1. 人力资本理论和教育经济学

如上所述，语言经济学产生于1965年，巧合的是，人力资本理论和教育经济学也在20世纪60年代逐步兴起。研究人员发现，在教育投资中，语言（外语）学习是很重要的一部分，而语言学习作为一种人力资本投资，必然包含成本和收益方面的考量。可以看出，人力资本理论和教育经济学为语言经济学的形成和发展提供了充分的理论基础。

在"人力资本"和"教育经济学"这两个概念提出之前，在经济学界，就已经有相关经济学家对这两个概念进行渗透，我们可以将这些思想渗透称为人力资本和教育经济学的"前奏"。在其形成发展的"前奏"部分，本节将提到威廉·配第、亚当·斯密、李斯特、马歇尔等学者的思想和理论。

代表资产阶级利益的威廉·配第是古典政治经济学的创始人，他初步创立了劳动价值论的观点。此外，他还通过相关材料计算出英国农民和海员每周的收益，得出"一个海员等于三个农民"的结论。之后，他提出一个假设，即"人的劳动使人力的货币价值生息"，根据这一假设，他推算出当时英国"有生命的资本"的货币价值。这是学者们第一次力图确定一个国家"人力资本"量的尝试。海员的技能并不是与生俱来的，而是在后天的教育训练中逐渐培养起来的，在这期间，需要学习者投入时间、精力和金钱，这三个方面的投入是学习一项技能所必需的，我们可以称之为"投资"或"成本"。"一个海员等于三个农民"表明海员的收益大于农民，这是"投资"的回报，初步映射出教育的经济价值。

作为古典政治经济学理论体系的建立者和杰出代表，亚当·斯密对人力资本及教育的经济价值阐释得更加深入，这些思想主要体现在他的巨著——《国富论》中。他在这本巨著中提到"人的才能与其他任何种类的资本，同样是重要的生产手段"，由此可见，他把人的才能看成重要的生产要素和资本，认识到人的知识和能力的重要性，为之后人力资本理论的创立提供了一个明确的方向。

亚当·斯密不仅认识到人的知识和技能作为资本的重要性，还在《国富论》中表达了教育经济学中教育投资和收益的经济思想。他说，学习的时候，固然要花费一笔费用，但这种费用，可以得到偿还、赚取利润。他还指出一种费去许多功夫和时间才学会的需要特殊技巧和巧练的职业，可以说等于一台高价机器。学会这种职业的人，在从事工作的时候，必然期望除得到普通劳动工资外，还收回全部学费，并至少取得普通利润。而且考虑到人的寿命长短极不确定，所以还必须在适当期间内做到这一点，正如考虑到机器的比较确定的寿命，必须于适当时期内收回成本和取得利润那样，熟练劳动工资和一般劳动工资之间的差异，就基于这个原则。由此可见，亚当·斯密把接受教育和学习技能的费用看作一种投资，这种投资在之后的生产过程中相当于一种资本，这种资本在生产过程中可以转化为一种收益。因此，他已经认识到教育经济学中投资和收益的关系，表达了投资—收益的经济学思想。

德国历史学派的先驱李斯特在其巨著《政治经济学的国民体系》中，阐释了人力及教育在经济中的作用。牛顿的生产性可能还不及一头牛，这是古典学派的思想观点，李斯特不赞同这种观点，显然，李斯特很重视人的才能在生产中的作用，他不赞同只是将劳动力的大小作为衡量生产性的标准，他的这种经济思想和人力资本理论思想是很接近的。

马歇尔的观点和威廉·配第的观点近乎相同，他也很重视教育的经济价值，他在巨著《经济学原理》中指出：教育仅仅当作一种投资，使大多数人有比他们自己通常能利用的多得多的机会，也将是有利的。这句话恰到好处地传达出马歇尔对教育的经济价值的重视，他认识到教育的经济意义。他的话语虽然比较浅显，但开启了人力资本理论和教育经济学的前奏，为人力资本理论和教育经济学提供了一定的思路。在马歇尔的巨著中，还有很多语句表达出他对教育的经济意义的重视，本节不再一一赘述。

在威廉·配第、亚当·斯密、李斯特和马歇尔之后，人力资本理论不再只是停留在"孕育"阶段，开始在经济学界"生产"。谈到人力资本理论，不得不提及的三位经济学家是沃尔什（J. R. Walsh）、西奥多·W·舒尔茨（Theodore W. Schultz）和加里·S·贝克尔（G. S. Becker），这三位学者为人力资本理论的创立和发展做出了不可磨灭的贡献。自此，人力资本理论正式开启成长阶段。

20世纪30年代，沃尔什正式提出"人力资本"的概念，向传统经济理论发起挑战。传统经济理论把物质因素当作国民财富或经济增长的唯一源泉，即土地、资本和劳动，忽略人的质量因素在经济活动中的作用。因此，这是一种"只见物，不见人"的经济活动理论。因为一些经济学家认为，将人等同于物质因素是对人格的贬低，这是人类发展史的倒退。而沃尔什在文章《把资本的概念应用到人的身上》（*Capital Concept Applied to Man*）的开头提到，很多经济学家都把人类划分在固定资本的范围之内，资本家花一笔费用，并用获得的利润偿还这部分费用，这些资本包括人力资本，以及培养和培训的各种费用。他首次采用"费用—效益"的分析方法，分析不同教育程度学生个人的教育费用和毕业后因能力提高而使收入增加的情况，得出各级教育的收益率，他的研究方法对后来的人力资本理论研究具有一定的指导意义。沃尔什通过比较个人教育投资和个人收益，探究教育的经济意义，认识到人力资本的重要性，为人力资本理论的后期发展奠定了理论基础。

舒尔茨和贝克尔都曾陆续对人力资本理论进行研究，为人力资本理论的发展做出了重要贡献。1959年，舒尔茨发表了关于人力资本理论的第一篇论文《人力投资——一个经济学家的观点》，这是舒尔茨人力资本理论初步形成的标志。他早期主要研究美国的农业问题，使得农业经济学成为一般经济理论中不可分割的部分。在他的作品《人力资本投资》（*Investment in human capital*）中，舒尔茨试图通过收入差距阐释人力资本的重要性，进一步拓宽了人力资本的研究领域，丰富了人力资本理论的研究。以下将选择其著作中关于收入差距的一些现象进行分析，以揭示这些现象背后人力资本的经济价值。

舒尔茨谈到，以从事农场活动为主的人在从事非农场活动时，往往比同种族、同年龄、同性别的工人收入少。与此类似，尽管因为职业种类、年龄、城市面积和区域不同，工人会获得补贴，但是黑人男性比白人男性收入少，这是因为黑人男性接受的教育不同。这些现象实则都反映出人力资本的经济价值。农场户在从事非农场活动时收入较其他工人少，是因为农场户比较擅长农场工作，而不太擅长其他类型的工作。同样的，因为黑人受到的教育不及白人受到的教育程度高，白人受到较高水平的教育，因此成为比较熟练的劳动力，工作效率高，收入也高；黑人的工作技能明显处于劣势，因此收入较低。这也反映了人力资本的特性：人力资本存在于人的身体之内；人力资本是稀缺的；人力资本的投资是生产性的；人力资本投资像一切资本一样应当获得回报。无论是农场户的技能还是白人通过受教育获得的技能都是存在于他们身上的，为了获得技能，他们都投入了大量的时间、精力和金钱，最终这些投资得到了回报。

贝克尔曾对人力资本投资、人力资本的内涵、人力资本生产率等方面提出自己的观点。他曾说到，用于教育、在职训练、卫生保健、劳动力迁移以及收集价格与收入信息等实际活动中的支出都是一种投资。在他看来，人力资本是一种人格化的资本，表现为人的能力与素质，不仅意味着才干、知识和技能，而且还意味着时间、健康和寿命，与人本身不可分离。他的这一观点和舒尔茨的观点异曲同工，都肯定了人力资本与人本身不可分离，存在于人的身体之内。同时，他还说过，人力资本生产率取决于拥有这种资本的人的努力程度，因此，适当而有效的刺激可以提高人力资本的使用效率，这是人力资本与物质资本最大的区别。这也说明人力资本有很大的伸缩性，人力资本的生产率受人为因素影响很大。贝克尔的突出贡献之一是首次用传统的微观均衡分析方法建立了人力资本投资均衡模型。显然，贝克尔对人力资本也是持积极态度的，他对人力资本的认识也是对传统经济理论的挑战，传统经济理论只是注重物质资本，而忽视人力资本，贝克尔突破了这一局限，他关于人力资本的观点不仅使人力资本理论向前发展了一大步，更使得经济学向前推进了一大步。

阿罗（Arrow）则提出"边干边学"（Learning by Doing）的观点，他认为，学习是经验的产物，我们可以边积累经验边学习。通过学习，我们可以习得更多的知识和技能，这些知识和技能汇聚在我们身上，形成人力资本。他认为人力资本的形成还有其他途径，即工作经验。同时，这也表明，人力资本的形成不是一朝一夕之事，是一个漫长的过程。他关于人力资本的这些观点在一定程度上深化了人力资本理论。

除了以上学者，更有一些国外学者探究语言和人力资本的关系，使人力资本理论和语言经济学的关系进一步明朗，强化了人力资本对语言经济学的理论指导作用。

维兰科特（Vaillancourt）认为，正如通过教育学、历史学等学科的正规教育所获得的知识技能一样，语言本身也是一种人力资本。奇西维克（Chiswick）和米勒（Miller）也把语言技能看作人力资本的一种重要形式，这是由人力资本的特性所决定的。卢卡斯（Lucas）强调人力资本的积累是经济增长的关键要素之一。二语习得就是一个人力资本积累的典型案例，在二语习得过程中，人们通过经济投资习得技能，其收益主要来自学习者通过使用该语言获得的经济收入，经济收入的高低则主要取决于学习者对该语言掌握的熟练程度和使用该语言的时间长度。

除了以上国外学者，国内也不乏对人力资本进行研究的学者，且取得了丰硕成果。

2009 年 11 月 24 日，张卫国在《光明日报》上对首届语言经济学论坛进行总结回顾。他谈到，与会专家介绍语言经济学的学术路线主要有三条，第一条便是"人力资本理论下的语言与经济关系研究"，例如语言与收入关系的研究。由此，他从语言经济学产生的背景出发，说明人力资本理论为语言经济学奠定了理论基础。靳希斌曾对人力资本进行界定，他谈到，所谓人力资本，指的是凝聚在劳动者身上的知识、技能及其表现出来的能力。它对生产起促进作用，是生产增长的主要因素，也是具有经济价值的一种资本。本节前一部分提及的人力资本的特性在这一界定中也充分显现，这表明，国内外学者在人力资本的界定方面达成了共识。许其潮在 1999 年发表的文章中也提到，从资源的角度讲，语言首先是一种人力资本。

我国语用学家何自然也认为语言作为人力资本之一，能使人们获得知识和技能，这表明语言就是人力资本生产的一种经济投资，成为获得其他人力资本（知识和技能）的一种资本。实际上语言作为一种人力资本也被用来补充和取代其他类型的人力资本。所谓补充，是指人们通过语言这一工具学会其他知识和技能来服务于雇主、家庭和社会；所谓取代，是指人们直接利用自己不断完善的语言知识和技能来从事和语言有关的工作（如编辑、出版和翻译等）。同经济学家一样，何自然也认为我们需要进行投资，才可以生产出人力资本，语言学习是一种人力资本投资，就像二语习得一样。同时，鉴于学科优势，他对编辑、出版和翻译等工作高度重视，在此类工作与人力资本之间建立起联系，可以看作日后语言产业的萌芽。除了何自然，社会语言学研究者祝畹瑾也对语言的经济价值持肯定态度，她曾说过：语言不分大小，也不论其通用程度如何，都能为使用者的经济利益服务。

综上，语言学习是教育的一个重要组成部分，通过语言这个人力资本，学习者可以获得其他人力资本，例如知识和技能，如果自身的知识和技能占优势，学习者则可以获得更多收益，实现语言的经济价值。第二次世界大战以后，西方经济理论界兴起了一个新的派别，即"经济增长和经济发展理论"。该理论认为，经济发达国家之所以经济增长和经济发展那么快，主要是重视人力资本投资，重视教育投资，重视人口质量提高和智力开发。由此可见，人力资本理论为教育经济学提供了理论基础，同时，二者又拓宽了经济学的研究领域和视野，语言经济学就是其中的一颗硕果。

2. 公共产品和外部性理论

公共产品理论源于西方，我国学者王爱学、赵定涛曾对该理论进行了细致的回顾，其文章《西方公共产品理论的回顾与前瞻》在这方面论述深刻。他们指出，公共产品理论可以溯源到亚当·斯密的"守夜人"和大卫·休谟的"搭便车"理论。亚当·斯密认为，资本主义经济的守夜人，就是指资本主义制度下的国家政府机构。亚当·斯密在《国富论》中详细讨论了政府如何以守夜为天职。根据他的论述，政府的职能主要有三项：第一，保护本国的安全，使之不受其他独立国家的暴行与侵略。第二，保护人民，不使社会中任何人受其他人的欺负或压迫，换言之，就是设立一个严正的司法行政机构。第三，建立并维持某些公共机关和公共工程。当然，为了维持政府的尊严，还需要有一些其他的花费。大卫·休谟的"搭便车"理论的经济含义是指公共物品消费的非排他性和非竞争性，使得公共物品的消费和生产具有自己的特点，同时给市场机制带来一个严重的问题——"搭便车问题"。所谓"搭便车问题"是指某种事情产生了正外部性。所谓外部性是指经济主体（包括厂商或个人）的经济活动对他人和社会造成的非市场化的影响，此影响分为正外部性和负外部性。正外部性是某个经济行为个体的活动使他人或社会受益，而受益者无须付出代价；负外部性是某个经济行为个体的活动使他人或社会受损，而造成负外部性的人却没有为此承担成本。搭便车问题往往导致市场失灵，使市场无法产生效益。

　　早在300多年前，大卫·休谟就曾注意到：某些任务的完成对单个人来讲并无什么好处，但对于整个社会是有好处的，因而只能通过集体行动来执行。瓦格纳总结出"瓦格纳原则"，激起公共思想的火花，这个原则可以表述为由于人们对公共产品的需求弹性较高，在经济发展过程中，随着人均收入的提高，人们对法律、警察、金融、教育、文化和医疗等公共产品的需求将不断增长，并且超过人均收入的增长，因此使得政府支出的规模也相应增长。"公共产品"一词最早由瑞典人林达尔（Lindahl）在其博士论文《公平税收》中正式提出，他分析了两个消费者共同纳税分担一件公共产品的成本问题，解决了公共产品供给所需费用的来源问题，极大地促进了西方公共财政理论以及公共产品理论的形成与发展。直到保罗·萨缪尔森在1954年和1955年相继发表了两篇关于公共物品的短文之后，理论界对"什么是公共产品"才有了共识，即公共产品是具有消费的非排他性和非竞争性等特征的产品。

　　如前所述，山东大学的经济学研究者张卫国提出"语言是一种公共产品"的论断。他提到，从消费的角度看，语言具有公共产品的性质，即非竞争性和非排他性。

双语或多语的潜在收益一旦遇到合适的条件，就会被国家或区域内其他人群所分享。并且每一个消费者的消费都不影响其他消费者的消费数量和质量，也不能排除其他消费者的消费。由此，语言具有很强的网络外部性。当一种语言给个体带来收益时，会吸引更多的人学习这种语言，这时，个体便为群体带来了收益，进而为社会带来收益，这就是语言正外部性的表现。但是，个人最优和社会效益最大化并不总是一致的，即单凭语言学习的个体无法达到社会收益最大化，这就是语言负外部性的表现，即个人的语言学习有时不能为社会带来最大的效益。

公共产品的性质以及对于公共产品的消费将语言和经济联系起来，此外，语言的动态发展、语言规划和语言政策也可以在二者之间建立联系。综观语言与经济应用研究方面的文献可以发现，关于语言产业的研究是一大热点，紧随其后的便是语言规划和语言政策的经济学研究。语言的动态发展归根到底也是与语言规划和语言政策密切相关的问题。

1994年诺贝尔经济学奖获得者之一赖因哈德·泽尔腾（Reinhard Selten）和经济学家乔纳森·普尔（Jonathan Pool）合作的《外语技巧分布的博弈均衡》验证了语言的"网络效应"：当使同一种语言的人数增多，在其他条件不变的情况下，这种语言对使用者而言变得更加有用了。网络效应在语言动态发展中发挥着重要作用。

我国学者闻中和陈剑曾提到，一般而言，把使用者从用户网络中获得的额外的福利变化定义为网络效应。但是，网络效应同网络外部性并不是一回事，当网络效应不能通过价格机制进入收益成本函数的时候，网络效应才可以被称为网络外部性。即只有当市场不能发挥作用，需要政府发挥作用时，才有网络外部性的存在。而语言规划和语言政策本身就是需要成本的，需要政府干预才能完成。本章的第三节将关注语言规划和语言政策的国内外实证研究。

外部性理论本是经济学领域的一个理论，由来已久，在经济学领域已经不再是一个新的概念。语言外部性理论和经济学领域的外部性理论有诸多相通之处。本节将对外部性理论的缘起进行概要梳理，以揭示语言和经济在外部性理论中的交汇点。

外部性理论是经济学领域重要的理论之一，自诞生之日起，不少学者都对其进行研究，各学者之间也有过很多次的学术交锋。综观各位学者对外部性理论的界定，虽不尽相同，但其实质是一样的。外部性即一个经济主体为另外一个经济主体带来的非市场的影响，使价格机制不能有效分配资源，出现"无形的手"失灵的情况，这时候就会在个人收益和社会效益最大化之间产生差异。

经济学家张五常曾说过：经济学的传统可以看作由三个相连的范畴组成，第一个范畴是古典经济学。这一范畴的主要代表人物是亚当·斯密、李嘉图与米尔，这个范畴肯定了人的行为以自私为出发点，建立了分析资源使用与收入分配的架构。第二个范畴是新古典经济学，代表人物是马歇尔，他对解释行为很感兴趣，认为"解释"是经济学的主要用场，但他对产权没有深入理解，又漠视了交易费用。第三个范畴是新制度经济学，这个范畴主要为解释行为而起，重视产权及交易费用的局限。经济学的传统范畴如此，作为经济学领域重要的理论之一，外部性理论的发展和经济学领域三个相连的范畴是紧密联系的。

在古典经济学范畴内，外部性理论可以追溯到经济学的鼻祖亚当·斯密，他认为自然的经济制度即市场经济不仅是好的，而且是出于天意的，因为在其中，每一人改善自身处境的自然努力可以被一只无形的手引导着去尽力达到一个并非他本意想要达到的目标。我们可以将其看作外部性理论的萌芽。在这段话中，"无形的手"指市场，"被一只无形的手引导着去尽力达到一个并非他本意想要达到的目标"也暗示出个人最优和社会利益的最大化并不总是一致的，这同语言的外部性有异曲同工之妙。

　　在亚当·斯密之后，米尔于 1848 年提出了灯塔问题（灯塔问题同样涉及搭便车问题，是指关于"英国工业革命前的灯塔是应该私费还是政府出钱建造"的讨论。据产权经济学说，私营比公费会更有效率，而在政治经济学里，政府应承担这部分服务职能），从这个问题开始，公共物品及外部性问题引起了经济学家的关注，而外部性问题也成了经济学界的难题。在米尔提出灯塔问题的时候，还没有外部性概念的存在，但引发了人们关于这个后来被定义为外部性问题的思考。之后，1887 年，英国经济学家、剑桥学派的奠基者亨利·西奇威克（Henry Sidgwick）继续探讨米尔的灯塔问题，他在《政治经济学原理》一书中的"生产关系中的自然自由的体系"一章中指出：在大量的情况下，通过自由交换，个人总能为他提供的劳务获得合适的薪水。这一论断，明显存在不合理之处。首先，某些公共设施，由于它们的性质，实际上不可能由建造者或愿意购买的人所有。例如，这样的情况经常发生：大量船只能够从位置恰到好处的灯塔得到指引，灯塔管理者却很难向它们收费。虽然没有明确直接提到"外部性"，但是在他的这段话中也足以显现，他已经认识到"外部性"存在于自由经济中。他认为"通过自由交换，个人总能够为他所提供的劳务获得适当的报酬"是错误的，说明他更加倾向"通过自由交换，个人不是总能为他所提供的劳务获得适当的报酬"这一论断。这样一来，在"个人劳务"和"报酬"之间，价格机制没能有效分配社会资源，使二者之间产生差异，根据本节前半部分关于"外部性"的定义，这种"差异性"就是我们所研究的"外部性"。

亚当·斯密和亨利·西奇威克拉响了"外部性"的前奏，接下来要提到的马歇尔、庇古和科斯，他们延续前奏，继续发展外部性理论，三位学者被认为是外部性理论发展史上的三座里程碑。马歇尔提出了外部经济的概念；庇古的最大贡献在于"庇古税"的提出；科斯在质疑庇古关于外部性理论观点的基础上，提出了自己关于"外部性"的观点，庇古和科斯将外部性理论进一步深化。

马歇尔以静态时间为背景总结出新古典经济学模式，自此，外部性理论也进入了一个新的发展阶段。马歇尔没有明确提出"外部性"的概念，1890年，他在《经济学原理》中首次使用了"外部经济"和"内部经济"两个概念，为以后关于外部性理论的研究提供了一个导向，助推了外部性理论的诞生。在该书中，他首次使用"外部经济"和"内部经济"两个概念分析单个厂商和整个行业的运行情况，说明工业组织的变化如何导致产量的增加。他指出：我们可把因任何一种货物的生产规模之扩大而发生的经济分为两类：第一类是有赖于这工业的一般发达的经济；第二类是有赖于从事这工业的个别企业的资源、组织和效率的经济。前者可以被称为外部经济，后者可以被称为内部经济。这里的"外部经济"包括产业部门的地理位置、辅助部门的发展水平、通信条件、运输手段、熟练劳动力的供给情况等，即厂商之间形成的一种相互依存的关系。也就是说，马歇尔将各厂商对部门的影响看作是外部性的，他注重研究各厂商对一个部门、一个企业的影响。由马歇尔的"外部经济"，我们不难推出"外部不经济"概念，为"外部性"概念的提出提供了引导。

作为马歇尔的得意门生，庇古深受马歇尔的启发，在马歇尔的基础上提出了外部性理论。他在《福利经济学》一书中提到"内部不经济"和"外部不经济"概念，不同于马歇尔，庇古将关注点转移到了一个部门或企业的行为对其他企业或居民的影响。由此他便提出了"私人收益与社会收益不一致，私人成本与社会成本不一致"意义上的外部性概念。他不仅提出了外部性概念，还将外部性分为正外部性和负外部性，当私人为社会福利的最大化作出贡献时，为正外部性，此时，私人收益小于社会收益；反之，即为负外部性，此时，私人收益大于社会收益。

为了解决外部性问题，庇古提出有名的"庇古税"。他认为，在解决外部性问题中，政府应该发挥作用，对于私人收益小于社会收益的企业设置补贴，对于私人收益大于社会收益的企业设置税收，这样，通过发挥财政的作用，解决正外部性和负外部性问题。因此，在庇古看来，一个经济主体对另外一个经济主体的侵害是确定的，这种侵害问题需要国家干预才能解决。

庇古确实深化了对外部性理论的研究，但是他关于外部性理论的观点也招致了不少质疑，其中对庇古的逻辑框架批判得最有力的当属科斯。科斯是新制度经济学的重要代表人物之一，他也从一个新的视角来研究外部性理论。科斯认为，庇古所提到的外部性问题的实质是：侵害效应是相互的。要解决或避免侵害效应，首先是要赋予和明确侵害的权利，权利清晰了，侵害效应完全可以通过市场得以解决（即著名的科斯路径）。由此，科斯对庇古的外部性理论进行了彻底批判，但他并没有直接否定其理论，他延续庇古解决外部性问题的方向，提出了不同于庇古的解决方法。他认为，两个经济主体之间的侵害是相互的，谁是侵害者，谁是被侵害者，都是不确定的，在解决侵害问题之前，必须弄清楚谁是侵害者。如果连谁侵害谁都不确定，那就需要赋予一方侵害另一方的权利，只要两个经济主体间的权利明晰，那么外部性问题就可以通过市场机制来解决，而不再需要国家干预。

除了科斯，张五常和杨小凯也对庇古的外部性理论提出了质疑，但是思路基本和科斯相同，这里不再阐释细节。

以上就是关于外部性理论发展的阐释，在阐释的过程中，可以用此理论将语言和经济联系起来。在后面的内容中，本书会以外部性理论为基础，分析语言政策方面的实证研究，进一步证明公共产品和外部性理论映射下语言和经济的紧密联系。

3.博弈论

本节前部分主要通过人力资本理论和语言经济学、公共产品和外部性理论这两个经济学领域的理论来考察语言和经济之间的联系，接下来将阐述博弈论是如何建构起语言和经济之间的联系的。不同于前两个理论的是，博弈论不是一个经济学领域的理论，它实际上是一个研究工具，但是不少学者都利用该理论来阐释经济学问题。近年来也有一些学者将此理论用于语言学问题的研究。浏览文献可以发现，博弈论和语言研究之间存在交汇点。在此将通过阐释博弈论的内涵及其在经济领域和语言学领域的应用，简要分析语言和经济在博弈论中的交汇。

　　博弈论又称对策论，衍生于古老的游戏如象棋、围棋、扑克等。博弈论研究理性人如何进行策略选择以使自己的利益最大化。博弈参与者的选择并不是孤立的，其结果不仅要受到自己策略选择的影响，还要受到他人策略选择的影响，这是博弈论的精髓所在。而博弈产生的稳定结果，就叫作"博弈均衡"。回顾战国时期田忌赛马的故事，不难发现博弈中的策略选择非常重要。战国时期的田忌经常与齐国诸公子赛马，设重金赌注。孙膑发现，他们的马脚力都差不多，可分为上、中、下三等。于是孙膑对田忌说：您只管下大赌注，我能让您取胜。田忌相信并答应了他，与齐王和诸公子用千金来赌胜。比赛开始，孙膑对田忌说："现在用您的下等马对付他们的上等马，拿您的上等马对付他们的中等马，拿您的中等马对付他们的下等马。"三场比赛完后，田忌输掉一场而获胜两场，最终赢得千金赌注。

　　现代博弈论于1944年产生于西方，在初期比较侧重以数学方式探讨经济现象。在这一过程中，数学家们将具体的问题抽象化，借助完备的框架、体系和模型等数学工具，分析零和博弈、变和博弈，分析非合作均衡、合作均衡。例如，李沅静将博弈论置于经济模型中，通过一系列的数学计算，分析博弈论在市场竞争中的作用，通过奶茶店A、B的收益来说明零和博弈、正和博弈和负和博弈。近期的博弈论研究比较侧重思维方式和思维理念。

博弈论是由美国数学家冯·诺依曼（Von Neumann）和奥斯卡·摩根斯特恩（Oskar·Morgenstern）将其作为理性行为理论的组成部分而创立的，他们合著的《博弈论与经济行为》（1944 年）奠定了博弈论的基本框架。1950 年阿尔伯特·塔克（Albert Tucker）提出博弈论经典假设"囚徒困境"，成为了解、研究和探讨博弈论的必读基础理论。1982 年约翰·梅纳德·史密斯（John Maynard Smith）的代表作《演化与博弈论》，有一个经典模型——鹰鸽博弈，对于如何分析零和博弈与变和博弈，给出了很好的范例。1994 年诺贝尔经济学奖获得者约翰·福布斯·纳什（John Forbes Nash，Jr.）确立了现代博弈论学科体系的基础，对合作博弈和非合作博弈做了区分和规定，提出了"纳什均衡"，这也是博弈论中最重要的概念。2005 年，罗博特·约翰·奥曼（Robert John Aumann）破解了"公平分配均衡"，建立了"相关均衡"理论。托马斯·谢林（Thomas C. Schelling）运用非数理方法分析社会中的冲突与合作，建立了"聚点均衡"理论。2012 年，经济学家罗伊德·夏普利（Lloyd S. Shapley）提出了博弈"核仁"理论和"稳定配置"（GS 算法）。经过以上学者对博弈论的创立、发展和完善，博弈论已广泛应用于经济学、政治学、生物学、计算机科学、心理学、社会学等诸多领域。

以上是关于博弈论发展中的一些重要概念，从其发展情况来看，这些概念多是经济学家的研究成果，并且多是以数理方式进行研究。笔者看来，在研究经济领域的问题时，数理方式不失为一种可取的方式。数理方式经常会给人精确的感觉，但是数理方式并不能解决所有问题。博弈论虽然看似只是一个理论，但是不同方面、不同领域对于博弈论的应用也是不同的。本书关注博弈论在语言和经济领域的应用，旨在揭示博弈论如何在二者之间建立联系。

本节的前半部分已经提及，博弈论研究理性人如何进行策略选择以使自己的利益最大化，也就是说，博弈双方通过一定的策略使自己的利益最大化。例如，在市场竞争中同行业的各家采取的制胜策略、市场上的竞争性投标和谈判桌上的"讨价还价"等都需要博弈才能使自己获得最大的利益。鲁宾斯坦在1982年和1985年写的两篇文章中提出的讨价还价模型，曾被国际经济学界认为是对纳什讨价还价理论的重大发展，以至于在国际上有"鲁宾斯坦讨价还价"这一经济学界的业内活动。

而最早将语言和博弈论联系在一起的当属维特根斯坦（Wittgenstein），在其名著《哲学研究》中，他提出

"语言游戏"（Language-game）这一概念，他认为词在语言中的用法是其意义所在。维特根斯坦的"用法"并不仅仅是指用词语构造语句的用法，而对不同类型言语行为的研究也不能完全说明这一概念的重要内容。维特根斯坦的"用法"概念强调的是一种活动，是一种构成词的自然环境并使该词语从中获得其意义的活动，即语词的意义是在自然环境中产生的。他的这一哲学思想深受亚当·斯密的影响，亚当·斯密曾对人类语言的形成情形作出了一些猜测。他首先假定有两个还不会说话的野人，这两个野人碰到一起，要进行交流，要表达个人的需要和愿望，就要进行"言语游戏（博弈）"，从而形成最初的语言。通过语言博弈，两个野人在词语的意义层面达成一致，协商的结果必然包含一定的规则，一方在遵循这些规则的基础上表达个人的需要和愿望，另一方付出最小的努力即可以理解对方的需要，这样，双方实现了各自的最大化效益。细细想来，"讨价还价"亦是双方博弈的过程，协商的结果也必然基于双方的收益之上。

与维特根斯坦从逻辑哲学的角度通过思维直观径直走向哲学的语言反思相类似，作为博弈论经济学家的鲁宾斯坦，也是出于自己理论的理性直观以及当代主流经济学最优化推理的思想习惯而径直探及经济学与语言问题的。

　　鲁宾斯坦曾提及他思考经济学与语言的关系的缘由，只因为他想弄清楚一个问题，即为什么经济理论与语言问题相关？在他看来，经济理论是对人们相互作用中的常规性（regularity）进行解释的一种尝试，而人类相互作用中的最基本和非物理性的常规性就是自然语言。由此鲁宾斯坦认为经济学试图将社会秩序解释为从某些函数的最优化过程中所衍生出来的常规性，这一点对语言也是适用的。他试图解释自然语言的特征是怎样与某种"理性"函数的最优化相一致的。也就是说，鲁宾斯坦沿着博弈论最优化选择的思路研究语言的性质、形成机制和演化等问题。当语言不能服务于人们的需求时，演化力量将会改进其功能，更好地传递信息，实现人们的需要和愿望。就像是语言最初形成时一样，两个野人通过博弈，使语言得以演化，形成词语的特定含义。任何词语的特定含义均是通过某种语言演化的最优化过程形成的演化均衡而确定的，造就一个"好"均衡，以达到交际最优化的效果。

　　笔者通过分析亚当·斯密关于语言最初形成的猜测和鲁宾斯坦利用经济学的最优化法则来阐释语言最优化的过程，发现了语言和经济在博弈论中的交汇点。现在看来，亚当·斯密的猜测虽然有点太过天真，但蕴含着哈耶克式自发制度生成论博弈论诠释的最初理论原型。

亚当·斯密关于语言自发形成的原理与其"看不见的手"的市场秩序的生成原理是一致的，因此，他的观点不是外界看来的那样天真。而鲁宾斯坦更是在语言领域造就了"好"均衡的出现，建立了语言和经济之间的紧密联系，为语言学的研究提供了一个新的方向，也为语言经济学的研究开辟了一条新的路径。

4.贸易引力模型

上文已经概要介绍了人力资本理论和教育经济学、公共产品和外部性理论、博弈论等，并从经济学的视角探究了语言和经济的关系。本部分将关注贸易引力模型理论，并从该理论出发，探寻语言和经济的关系。

在讨论人力资本理论时，本书曾谈及语言和收入的关系，通过二者的关系探究语言和经济的关联性。在讨论公共产品和外部性理论的时候，本书曾谈及语言规划和语言政策。语言和收入的关系以及语言规划和语言政策等问题均是语言经济学领域研究的传统问题。随着经济全球化的日渐深入，关于语言和经济的一些新的问题也不断涌现，其中最典型的便是语言和国际贸易。我们都知道，贸易伙伴的经济规模、空间距离、运输成本、人口和制度安排、经济总量、关税、汇率等因素影响一个国家的贸易，语言和文化因素也可能会对该国的贸易产生有利或不利的影响。就贸易引力模型的研究现状来看，大部分学者从主流经济学理论出发，探究贸易引力模型，而从语言角度出发，借助贸易引力模型来探究语言和国际贸易关系的研究（包括理论研究和实证研究）相对少见。鉴于本书主要关注的是语言与经济关系的研究，对于其他因素对国际贸易影响的相关研究，这里不再涉及，我们将更多地关注语言对国际贸易的影响，从而进一步拓宽语言与经济关系研究的视野。

西方学者伯格斯特兰德（J.H. Bergstrand）曾提出贸易引力模型，该理论从分析影响国际贸易的因素出发，提出两个国家的贸易量与两国之间的语言距离成反比。该模型主要探究语言、文化等因素对国际贸易的影响。

在阐释语言和国际贸易关系的过程中，语言经济学发现并引入了"语言距离"这一概念。关于"语言距离"，一些学者也提出了不同的观点，苏剑和张雷认为"语言距离"类似于汇率。通过汇率，一国的货币价值要用另一国的货币价值去衡量；国与国之间的语言不同，"语言距离"在国际贸易中就发挥了重要的作用，那么语言距离就类似于汇率，成为一种语言为别的语言所标示的价格。张卫国和陈贝则提出，"语言距离"表示不同语言人群之间相互学习对方语言的难易程度，这种难易程度可以用词汇统计学方法量化。语言距离分数越高，表示两种语言的相互学习越难，花费的精力与成本越多。

在国外，哈钦森（Hutchinson）、塞勒米尔（Selmier）、菲德尔穆茨（Fidrmuc）和梅里兹（Melitz）等学者也对语言距离对国际贸易的影响进行了研究，在本章的后面部分，将对几位学者的实证研究进行详细介绍。

除了"语言距离"这一角度，一些学者还从"共同语言"这一角度探究语言对国际贸易的影响。例如，杰弗瑞（Jeffrey）和安德鲁·罗斯（Andrew Rose）研究发现，与其他各方面禀赋相似但没有共同语言的国家相比，使用相同语言的国家间往往可获得1.8倍以上的贸易量；梅里兹（Melitz）认为，仅从官方语言来判断国家间是否具有共同语言是不够的。他进一步考察了一国使用人数占总人口20%以上的语言对国家间贸易的影响，结果发现，此类语言也有利于促进国际贸易的发展。从"共同语言"这个角度探究发现，语言对国际贸易的影响多为正面的，即"共同语言"对两国之间的贸易具有促进作用。

此外，还有学者从"语言直接沟通能力"的角度出发，探究语言对国际贸易的影响。语言直接沟通能力，即国与国之间使用其他通用语言交流的能力。哈钦森（Hutchinson）利用33个国家样本分析了英语作为第一语言和英语作为第二语言的人口比例对贸易量的影响，结果发现，英语作为第二语言对国家间贸易的贡献比英语作为第一语言的贡献大，而且对出口的影响大于对进口的影响；顾惠珍（Hyejin Ku）和阿萨夫·祖斯曼（Asaf Zussman）使用托福考试平均成绩的乘积对各国语言直接沟通能力进行量化，发现英语交流能力对全球贸易有促进作用，这表明英语作为通用语能够缓解各国之间的沟通障碍。这些研究表明，语言直接沟通能力能够大大促进两国之间贸易的发展。

以上从语言距离、共同语言和语言直接沟通能力等方面出发，介绍了贸易引力模型下，语言和国际贸易之间的相互关系。而在经济全球化的背景之下，国际贸易在一个国家的经济总量中占有较大比重。因此，语言和经济关系的探究亦可从以上三方面着手，语言与国际贸易关系的探究也可以视为语言与经济总体关系探究的一个重要层面。

5. 其他观点

本节的前四部分都是通过具体的理论，从经济角度出发，探寻语言和经济的关系。事实上，除了这些具体的理论，还有一些不成系统的理论观点，也是从经济角度出发，揭示语言和经济的关系。如语言经济价值论、语言习得与使用中的成本—收益关系、语言资源保护利用理论等，由于相关研究仍在尝试中且并不充分，这些学说和观点相对零散，尚不系统完善，故留在以后讨论。

第三节　经济学视角下语言与经济的实证研究

本章第二节是对语言与经济关系的理论研究，本节主要关注经济学视角下语言与经济关系的实证研究。

1. 语言和收入关系的实证研究

本书在之前的部分已经提及，关于语言经济学的由来，学术界普遍认为其源于马尔沙克的文章。马尔沙克认为语言作为人类活动中不可缺少的工具，具有与其他资源一样的经济特性，即价值、效用、成本和收益等。这是经济学家首次明确提出有关语言的经济学观点。马尔沙克固然对语言问题做出了经济学思考，但是站在当今语言经济学发展的各个角度来看，他这些观点的提出缺少理论基础或实际经验支持，并且他的研究也没有沿着自身指出的路径继续深入下去。鉴于此，一般不认为他真正开展了语言经济学研究，后来的语言经济学研究事实上是另辟蹊径。

后续的语言经济学研究以第二次世界大战为背景，一开始主要是为了迎合民族主义和殖民地国家官方语言政策分析的需要。第二次世界大战后，亚非拉国家纷纷独立，全球民族主义情绪高涨，民族问题亟待解决。而人类的一切活动都需要通过语言来完成，因此，官方语言的确立成为需要迫切解决的问题。各国自然会通过测评语言的使用效果和经济效益来确定其官方语言，鉴于经济是国力的主要体现，许多国家便产生了对语言现象进行经济学分析的需求。由于加拿大长期饱受英法战争的影响，因此官方语言的问题在加拿大表现得尤为突出，为语言经济学在这个国家的发展提供了很大的空间。后来在20世纪60年代中后期，加拿大学者布莱顿（Albert Breton）最早开始了对语言现象的经济学分析。这一时期的研究更多地为语言赋予民族属性，关注语言对人的社会经济地位的影响，进而再延伸到对收入的影响。

从民族主义视角切入进行语言现象的经济学分析，和早期马尔沙克关于语言的经济学特性研究相比，已经有了很大的发展和进步，然而语言的经济学分析并没有止于此。本章第二节的理论研究部分已经提及，20世纪60年代，人力资本理论和教育经济学逐步兴起，为马尔沙克的经济学思想提供了理论基础。不仅为语言的经济学分析创造了一个很好的契机，更是推动了语言经济学的进一步发展。当时就有研究人员发现，语言学习作为一种人力资本投资，必然涉及成本和收益。20世纪70年代起，以加拿大为代表的北美国家开始从经济学角度分析双语教育、语言政策、语言规划等问题，对语言和收入关系方面的研究尤为突出，这一时期，涌现了大量这方面的实证研究。前面已经提到，当时加拿大官方语言的确定问题亟待解决，由此，加拿大率先开启了语言和收入关系方面的实证研究，特别关注法裔公民和英裔公民的收入差距问题。本节将介绍卡利纳（Carliner）和格勒尼尔（Grenier）所开展的关于加拿大相关问题的实证研究。

卡利纳在1981年发表的文章里提出了一个简单的语言群体工资差异理论。他的研究以1971年加拿大人口普查得出的数据为例。他研究发现，在魁北克省，对于那些不会讲英语和法语的男人来说，学习法语或英语有很大的经济回报。而且对于讲法语的人来说，学会讲英语会有很大的回报。然而，即使在学习英语之后，并且在其他因素保持不变的情况下，母语为法语的男性的工资也依然低于单语英语的男性。而学习法语的以英语为母语的人没有显著的工资溢价。在魁北克省以外，单语英语男性的工资明显高于母语不是法语和英语的男性，其他因素不变，但魁北克省单语英语的男性与双语英语或单语英语的法国工人之间的工资没有显著差异。加拿大的这项研究在一定程度上表明，多语言社会中，如果对一种语言的使用者的劳动力需求超过母语人士的供应，则双语工作者通常来自其他语言群体。说"超额需求"语言的劳动者可享有工资溢价，但双语者的报酬则无明显提升。

格勒尼尔以加拿大的法语区魁北克省为研究区域，介绍了1976—1981年魁北克省的人口因语言而流动的情况。他研究指出，1976—1981年，由于语言歧视现象的存在，很多讲英语的人都搬离了魁北克省，主要是因为他们在那里收入相对较低。这说明，语言歧视成为影响收入的一个重要因素。

有关加拿大的以上研究开启了学者们对语言技能和个体劳动收入关系的研究，在加拿大之后，瑞士、英国、美国等国家相继跟进，相关研究更为深入地剖析了语言能力和收入的关系，推进了语言经济学研究的深入和推广。

泰纳（Tainer）研究认为，英语语言能力是一个相对较新的变量。他研究了英语语言水平对于在国外出生的男性工资收入的决定作用。他的论述基于一份1976年关于收入和教育关系的调查，而这份调查又源于1975年的一场劳动市场活动，调查样本为4297名25—64岁的在国外出生的个体劳动者。在分析的过程中，研究者将整个研究群体进行了进一步划分，用于解释在国外出生的个体劳动者之间收入差距存在的原因。他最后得出结论，将人力资本和个人特征考虑在内，英语语言能力与各民族劳动者的收益存在正相关关系。特别是在外国出生的西班牙裔和亚洲裔男性，相对于在外国出生的欧洲裔男性而言，其收入受英语语言能力的影响最大。

类似地，1999年，奇西维克（Chiswick）和米勒（Miller）对合法外国人的语言技能和收入进行研究。该研究主要分析英语对工作效率和收益的影响，其数据源于1989年的合法人口调查（LPS）。该研究建立在英语语言能力模型之上，该模型基于经济激励、风险和效率变量等因素，这些因素可以用于衡量英语语言技能的投资和收益。两位学者得出结论：和英语语言技能不足的个人相比，英语语言技能较强的男性的收入高出8%，而相同情况下，女性高出17%。

学者们对语言和收入关系的研究并没有止于语言技能对收入的影响。更有学者对语言技能进行分解，研究分析语言总体能力水平、语言流利程度、听说读写的各种单项语言技能对收入的影响。

奇西维克的研究关注的是移民的英语流利程度及其对收入的影响。奇西维克对800多名外国人的样本进行特殊数据分析，显示出以前没有进行过研究的某些变量的重要性，例如英语口语流利程度和英语阅读流畅性。随着在美国接受教育的持续，英语口语和阅读能力都会有所提高，受到的教育越多，英语口语和阅读能力便提高得越快，这是一般规律，然而对于西班牙裔移民来说却不是这样的。他认为这和西班牙裔移民在美国居住的短暂性和他们在美国的聚居区有关系。他首先用表格分别列出西班牙裔和非西班牙裔移民英语口语和英语阅读的水平，进而用回归分析的方法说明这两种水平对收入的影响，他最后得出结论：在每周收入的分析中，控制每周工作小时数，英语阅读水平高的劳动者的收入可以明显增加31%，而英语口语好则对劳动者的收入没有这么显著的影响；在对每小时工资的分析中，英语阅读得很好或非常好可以显著增加30%的收入。这表明在影响收入的其他因素相同的情况下，和英语口语能力相比，英语阅读能力可以为劳动者带来更大的收益。

达斯曼（Dustman）分析了移民工人语言能力的决定因素以及语言能力对他们的收入的影响。该分析基于西德的数据。第一部分是对影响男性和女性移民德语口语和书面语因素的概率分析。数据不仅将移民的个体特征作为解释变量，还分析了家庭背景和文盲对德国移民的语言流畅度的影响。第二部分分析了语言对移民收入的影响，分析得出，语言能力特别是写作能力的提升，可大大改善移民的收入状况。

以上从语言技能、听说读写的单项技能和语言的流利程度对收入的影响等几个方面着手，从不同侧面考察了语言和收入之间的关系。关于语言和收入关系的研究起步较早，是语言经济学领域一个相对成熟的研究方向，因此学术界不乏这方面的实证研究。鉴于本书涉及的方面比较广泛，所以本书关于语言和收入关系方面研究的概览不能做到面面俱到，但是通过以上相关研究的叙述，希望可以窥见语言和收入的关联。

2. 语言规划和语言政策实证研究

本节的第一部分提到语言与收入关系方面已有的一些实证研究，这些实证研究主要是基于人力资本理论和教育经济学，揭示语言和收入之间存在的影响和被影响的关系。本部分将聚焦于公共产品和外部性理论的相关实证研究，这些实证研究主要是关于语言规划和语言政策的研究。笔者将对研究进行综合描述，并从自身角度加以阐释，进而从另一个维度揭示语言和经济的关系。

语言规划和语言政策本是社会语言学领域的话题，从经济学角度去探讨语言规划和语言政策是基于特定背景的。在本节的前面部分已经指出，第二次世界大战后，多数西方国家面临官方语言确立的问题。于是，20世纪70年代后期，欧美各国政府开始制定官方语言政策，产生了对"语言经济学"的需求。在这样的背景下，许多研究者开始从经济、经济学的角度评价国家的语言规划和语言政策，为语言规划和语言政策的研究开辟了新的思路和方向，也为语言学与经济学的跨界搭建了桥梁。

20世纪80年代，此方面的文献不断涌现，例如：《语言经济学：语言规划的含义》（里根 Reagan），《语言经济学和语言规划》（维兰科特 Vaillancourt），《加拿大语言政策的经济学分析》（里德勒 Ridler），《语言规划与经济学》（格林 Grin）等。

从经济学角度对语言规划和语言政策进行探讨是合理而务实的，这一合理和务实性在中外学者关于语言规划和语言政策的相关论述中早已显现。维兰科特曾提到，经济学在语言规划和语言政策中的用处主要体现在两个方面：一是在理解语言相关的选择方面，二是语言的选择、设计、实施和评价方面。他还从效果最优化的角度提出衡量语言规划和语言政策的标准，即在其他条件相同的情况下，如若使语言的社会总价值最大化，需使语言政策的成本最小化，只有这样，才能实现社会福利的最大化。仔细分析不难发现，维兰科特实则阐述了语言规划和语言政策的经济学分析的意义和目的，即为了实现社会福利的最大化。这与格林关于语言政策的看法有异曲同工之妙。格林曾对语言政策进行定义，他认为语言政策（或者计划），是整个社会层面上的，为了提高福利的系统性、理性，以理论为基础解决语言问题的工作，由政府或政府代理机构推行，对象是其统治之下的部分或所有人。分析此定义可以看出，格林同维兰科特一样，将语言政策建立在社会福利之上，揭示出语言和经济之间的联系。

不同于维兰科特，我国学者赵世举认为，语言规划与语言政策的经济学分析应包括三个层面：对制定或调整语言规划及语言政策的经济动因分析；对语言规划及语言政策制定或调整、推行本身的成本分析；对语言规划及语言政策的效益分析。虽然两位学者关于语言规划和语言政策经济学分析的方面不同，但两者观点的原理是相同的，都是基于成本、效益和社会福利。

除了概述语言规划和语言政策研究的三个方向，赵世举还提出了语言规划和语言政策的经济动因，更加显著地揭示了语言、经济与语言规划和语言政策这一研究领域的关系。他指出，经济动因主要有两个：一是因现实经济问题的驱动，即为了解决现实中遇到的经济问题而制定或调整语言政策和语言规划；二是为了实现新的经济计划和目标而制定或调整语言政策和语言规划，例如我国的"一带一路"倡议和孔子学院的建立。

除了以上学者关于语言规划和语言政策的经济学研究，张忻专门从经济学角度对语言政策的评估进行研究，他认为，可以用成本—效益评估方法和反证法对国家的语言政策进行评估，而这两种评估方法都是基于语言和经济的关系。

诸位学者的研究角度和观点都表明了语言、经济与语言规划和语言政策的相互联系。基于以上视角，本节将选择一些语言规划和语言政策经济学分析的实证研究进行概要说明，以期进一步论证在新的研究视角下，语言规划和语言政策中语言和经济的关系。

从经济学视角探究语言规划和政策曾发生在政坛领域，例如，维克多·金斯伯格（Victor Ginsburgh）等学者曾以欧盟为研究对象，考察"公民语言权利剥夺"的概念，即当一种或更多语言不在官方语言名单之列时，这意味着一些人的母语进入政治或文化生活的权利被剥夺了。接下来，诸多学者继续围绕这一概念进行研究，研究的方向之一是测算欧盟官方语言的效率及其成本问题，为解决欧盟的官方语言规划问题寻找出路。刘国辉曾提出，通过对公民语言权利剥夺率指标的构建和计算，欧盟官方语言最优数量取决于两个参数：一是社会对公民语言权利剥夺的敏感度，二是该语言政体的覆盖程度。金斯伯格等人研究认为，尽管英语作为广泛流行的语言，保留欧盟工作语言中的法语和德语是避免大规模公民语言权利被剥夺的关键。基于以上研究，简·菲德穆克（Jan Fidrmuc）和金斯伯格（Ginsburgh）制作了一个多语社会的语言政体选择模型，发现公民语言权利被剥夺的程度和成本因语言而异。这就产生了一个平等对待各种语言时所面临的经济效率问题，即欧盟在确定官方语言时面临经济效率问题，需权衡好各成员国语言的成本和效益，适当取舍。笔者认为，单语种在欧盟的使用一定程度上可以降低欧盟各成员国之间的交流成本。为了使欧盟多语并存的原有格局被打破，需使各成员国从欧盟官方语言规划中受益。

关于欧盟官方语言的数量问题，更有一些学者持比较严谨的态度。米歇尔·加佐拉（Michele Gazzola）比较了三种不同方案下的六国语言政体经济和政治的优缺点，他们认为语言政体是否最优，依赖于所采取的不同方案。基于此学者的研究，加佐拉和格林尝试构建一个强调效率与公平的语言评价框架，保证欧盟成员国以合理的成本进行交流。在他们看来，欧盟多语并存不一定增加成本投入，就算是增加，也不会增加到不可忍受的地步。每个语种在本国政体内运行都是最优的，都可以达到语言的亲和性、信息性、可描述性和创造性标准。因此，欧盟可以在保证效益的前提下，制定结合不同语言政体的语言政策。

由此，关于欧盟官方语言的确立产生了两种不同的观点：一是打破欧盟多语并存的局面，在剥夺公民语言权利时，要考虑成本和效益；二是不打破多语并存的局面，兼顾效益，尝试制定结合不同语言政体的语言政策。

无论是哪一种观点，都是基于成本—效益之上的，彰显出语言规划和语言政策中语言和经济的密切关联性。

我国学者宁继鸣在其博士论文《汉语国际推广：关于孔子学院的经济学分析与建议》中，开启了我国语言政策经济学分析的首个实证性研究，他以几个方面为切入点进行了开创性研究，构建了语言推广的理论基础，从理论高度阐释了语言推广的重要性和必要性。在阐释的过程中，主要依托文化生态理论和语言经济理论，将语言和经济有机结合。从公共产品理论和非营利组织理论出发进行研究，指出准公共产品的供给应该将政府供给和私人供给相结合，语言作为一种准公共产品，对其进行财政支持和政府支持，以及依托非营利性组织对其进行推广，都是政府和个人义不容辞的责任，这就为孔子学院的建设提供了理论基础。此外，研究还对海外孔子学院的最佳设立模式进行了较为详细的分析，谈及了三种合作模式，即总部直接投资、总部特许经营和总部与申办方合作建设。并利用成本收益模型对三种合作模式进行评估和分析，最终确立总部、国内高校和国外承办方三方合作建设模式，作为我国孔子学院的战略布点形式。同时，研究还对孔子学院的治理效果进行了评估。事实上，对治理效果进行评估也是建立在成本—效益基础之上的。

孔子学院的推广是我国推行汉语的一项规划和政策，宁继鸣教授关于我国孔子学院推广的相关研究，从政策出台到政策评估，结合实际推广状况，始终涉及语言和经济的相互关系与影响，是我国语言规划和语言政策经济学分析实证研究的典范，为后续研究提供了借鉴和打下了良好的基础。

3.博弈论实证研究

本节的前两个部分分别对语言和收入、语言规划和语言政策两方面的实证研究进行了综述性介绍，笔者也提出了自己的一些观点和看法。接下来将继续关注语言与经济关系的实证研究，并从博弈论角度进行探讨。

上一节已经提到，博弈论是一种策略互动。陈建先还曾提到，在不同时期，在不同国家，学者关于博弈论的理解都有所差异。如前文所提到的，"博弈"最初和"游戏"以及"赌博"有关；在其之后，博弈论成为数学的分支学科，用于分析经济学问题；在这之后，博弈论又被理解为策略互动、思维方式和研究工具。笔者认为，"策略"在博弈论中至关重要，比如，"讨价还价"是一种博弈，在此过程中就需要策略，恰到好处的话语策略才能在"讨价还价"中实现利益的最大化。博弈策略贯穿整个博弈过程的始终。

用博弈论探究语言现象，是有充分的理论依据和现实意义的，在很多情况下，话语交锋就是在进行博弈。另外，博弈论和语境顺应论大有相通之处。我国学者吴秀荣曾对此问题进行了概要梳理。首先，博弈论和语境顺应论都出自一个目的，那就是顺应。在顺应论中，说话者往往为达到自己的目的，而不得不采取特定的话语策略，以顺应其周围的环境。博弈论也是一样，就如诺贝尔经济学奖获得者约翰·海萨尼（John C. Harsanyi）在1994年获奖词中对博弈论定义的那样：博弈论是关于策略相互作用的理论，就是说，它是关于社会形势中理性行为的理论，其中每个局中人对自己行为的选择必须以对其他局中人将如何反应的判断为基础。这也表明，博弈论中某一局中人的话语策略选择要顺应其他局中人的心理。其次，就如博弈论中的博弈策略一样，语境顺应论中也是需要话语策略的，处于同一语境的两个人进行交际时，会面临语音层、词汇层、句法层、语义层、话语或篇章层的多重选择，不同表达方式虽表达同样的意思，但是预期效果有很大不同。最后，两个理论的第三个共同点是纳什均衡（在上一节的理论研究部分已经提及）。维索尔伦（Verschueren）曾归纳，围绕语言选择有三个关键概念，即可变性、协商性和顺应性。语言领域的协商性和博弈论中的"纳什均衡"有异曲同工之妙，动态语境中的协商就是为了达到顺应的目的，通过顺应，交际双方试图向自己想要的目标靠近。

以上三点足以证实通过博弈论研究语言现象是可行的，交际双方通过话语策略的选择，都力求实现自己效益的最大化，其原理和市场上"讨价还价"的原理是相通的。接下来，本部分将对此方面的典型实证研究进行阐释。

纳什均衡是博弈论中非常基础的一个概念，这一概念可以通过"囚徒困境"来进一步说明。"囚徒困境"是1950年美国兰德公司的梅里尔·弗勒德（Merrill Flood）和梅尔文·德雷希尔（Melvin Dresher）拟定出的关于困境的理论，后来由艾伯特·塔克（Albert Tucker）以囚徒方式阐述，并命名为囚徒困境。

囚徒困境大概讲了这样一个故事，一个富翁在家中被杀，财物被盗，警方在破案过程中，抓到两个犯罪嫌疑人，斯卡尔菲丝和那库尔斯，并从他们的住处搜出被害人家中丢失的财物。但是他们都否认自己杀了人，声称自己只是看到富翁被杀了，就偷了点东西。为了查明事实真相，警察将两个嫌疑人分开审讯，并告诉他们，由于偷盗已经有确凿证据，需判刑一年。但是警察和两个嫌疑人做了一笔交易：如果一个嫌疑人单独坦白杀人的罪行，那么就判该嫌疑人3个月的监禁，但其同伙要被判刑10年；如果该嫌疑人拒不坦白，而被同伙检举，那么该嫌疑人将被判刑 10 年，其同伙只判 3 个月的监禁；如果两个人都坦白交代，那么他们要被判刑 5 年；如果两个嫌疑人都抵赖，那么每人判刑 1 年。面对四种结果，两个犯罪嫌疑人无疑都想选择那个对自己最有益的结果，那么如何达到这个目的？在两个人被隔离开审讯，无法串通的情况下，二人都选择了坦白。在做出选择之前，二人必定进行了一番复杂的心理斗争，思考如何组织话语应对审讯、最终做出何种选择。他们的心理活动大概是这样的：

心理活动 1：自己坦白交代，如果同伙抵赖，那就可能得到很短的 3 个月的监禁，即使同伙坦白，自己也只坐 5 年牢，自己坦白的两种结果显然要比自己抵赖坐 10 年牢好。

心理活动 2：自己抵赖，同伙坦白，那自己就得坐 10 年牢，太不划算。因此，在这种情况下，还是应该选择坦白，即使两人同时坦白，至多也只判 5 年，总比被判 10 年好吧。

其实比都坦白更好的一个选择是双方都抵赖，这样的话，两个人都只被判 1 年。但是两个人被隔离开分别审讯，在无法串通的情况下，两人无法做到绝对地信任对方。每个人势必会首先选择对自己有利的话语策略，进而实现最利己的目的，而将整体利益置于第二位。因此，双方都抵赖的这种情况发生的概率极低，甚至根本不存在。经过一番较为复杂的心理博弈之后，双方都选择坦白且被判五年的结局被称为"纳什均衡"，"纳什均衡"的最大特点就是双方没有胜利者。

除了"囚徒困境"实证研究，法庭调解话语的博弈也是较为典型的，以追求效益最大化为最终目标。我国学者柯贤兵和廖美珍从交际博弈论视角分析和审视了法庭调解展开的准备，程序性调解、实质性调解和终结性程序调解。其聚焦于"被告人被诉讼'不赡养老母'"的实证研究，进行了细致入微的分析。鉴于本部分篇幅所限，在此仅选择一段对话进行阐释和分析。帕里克（Parikh）曾对语言交际的博弈论进行了概要阐释，他指出，语言交际是一种有目的的活动，语言交际是博弈的交际。交际双方策略互动过程中，交际个体旨在通过语言交际来实现其目的。理性的交际者在会话情境中根据听众和交际目的等，理性选择话语，实现最大的交际效用。这同"囚徒困境"的原理是相同的，都是通过话语博弈谋求效用的最大化。

我们一起对下列对话进行博弈分析，探究说话人是如何通过话轮转换实现交际效用的最大化的：

法官：大家不要吵了，被告张XX，你同意调解吗？

张：其实我心里很冤，他说的 ▲

法官：▼具体的情况等下再说，你先回答你同意调解吗？

张：同意。只是他▲

法官：▼具体情况等下再说。原告刘某某，你呢？

刘：同意。

法官：那好，既然你们双方同意调解，现在我们就开始。下面我来就调解的一些事情说一下……

在准备性调解阶段主要是法官和被告人的话轮转换，被告人感觉自己被诉讼成"不赡养老母"很冤，总是按捺不住地想要辩解，但是却一次次被法官打断。法官打断他后，继续自己的问题"你同意调解吗？"其主要目的是维持本次调解的合法性和自愿性，维护自己作为法官的权威性；同时是为了提高案件审理的效率，实现工作效用的最大化。

以上提到的法庭话语中，交际双方是通过话轮转换的方式实现交际效用的最大化的。接下来，参照我国学者赵丽梅和朱乐红的研究，本部分将从语用学领域的"合作原则"着手，选取一段商务谈判中的话语进行分析研究。下面这段对话是通过违反"合作原则"来进行博弈的。

买方（甲）：你们提出的价格似乎比别的厂家高出很多啊！

卖方（乙）：我们产品的质量是最好的。

甲：哦。现在什么生意都不好做啊！

乙：是的。我们给的价格已经是不能再低了，即便是那些多年合作的老客户，我们也都是以这个价格成交的。

甲：听说贵公司去年下半年的出口业务量下降了不少。

……

乙：我刚从别的部门调过来没听说这事。

甲：若你方愿意降低价格，比方说百分之五，我们愿向贵公司大批量进货。

乙：这我暂时不能做决定，我必须同业务经理商量，明天给你答复。

第一话轮中，甲违背了质量准则和方式准则，采用了模糊字眼"似乎""很多"来虚构一个看似事实的事实，其目的是希望乙方在价格方面做出让步，以实现自己的最大利益；而乙方的回复则违反了关联准则，避而不谈价格，转向质量，其目的也是追求自己的利益最大化。

第二话轮中，甲违反关联准则，避开了价格问题，转而提到如今的生意现状，其目的是为降低价格寻找到一个合理化的说辞，还是在争取自己的利益；乙方违反关联准则和数量准则，在这时将价格问题拉回来，说价格不能再低了，是为了进一步打消甲方想让自己降低价格的念头。

第三话轮中，甲方还是没有放弃自己的目的，违反方式准则，谈及乙方的业务量下降问题，目的是让乙方珍惜这次合作的机会；接下来乙方违反了质量准则，假装对业务不了解，其目的是给自己增加一点和甲方谈判的筹码。

最后一次话轮中，甲方违反了质量准则，提出向乙方进货的方式来获取价格上的优惠，乙方对"大批量"动心了，语气也较之前委婉了很多，"明天给你答复"表明乙方也在努力促成谈判的成功。

在这段商务谈判中，甲乙双方通过违反合作原则，进行话语策略上的博弈，每一次语言的交锋都是为了实现自己一方经济效益的最大化。在对话的最后，甲方还是竭力让乙方降低价格，用"大批量"来诱惑乙方；乙方为了自己的利益，最终同意对甲方提出的条件加以考虑。不难看出，双方寸土必争进行博弈的最终目的，归根到底，依旧是获取各自的最大利益。这也是博弈论在语言经济学中的充分体现。

4. 贸易引力模型理论实证研究

本节的前三个部分分别运用相关理论对经济与收入、语言规划和语言政策以及博弈论的实证研究进行了阐释和分析。本部分将聚焦贸易引力模型理论，以此理论为切入点阐释语言和经济的内在联系。

国际贸易看似是一个单纯的经济问题，但随着社会的日新月异，对国际贸易产生影响的已经不限于经济范畴之内的因素了，各种地理、政治和文化因素都会影响到国际贸易。其实这种情况在第二次世界大战时期就已经初见端倪，只是在现代社会随着各种形势的复杂化，这种多重因素影响国际贸易的趋势越发明显了。田晖、蒋辰春两位学者曾提到，第二次世界大战后全球贸易迅速扩张，一些学者却发现国际贸易的实际总量远远小于经济学家利用经济理论预测的贸易量。这也从一个侧面说明，从第二次世界大战时期起，仅仅局限于经济领域探究影响国际贸易的因素，已经是很狭隘了。因此，从多角度、多因素考察国际贸易相当必要。但是鉴于本书篇幅和作者知识所限，这里只关注语言因素对国际贸易的影响。

在语言和国际贸易的关系中，最重要的一个概念就是"语言距离"，本节之前的"语言与收入"部分已经初步显现"语言距离"概念。"语言与收入"部分提到，语言差别影响居民收入，此处的"语言差别"就是"语言距离"的萌芽。在探讨了语言与收入的关系之后，语言经济学便更加关注语言距离与国际贸易的关系，关于语言距离的研究主要有以下两个视角：第一个视角是对语言距离的定义，语言距离衡量一国居民学习另一国语言（不同于母语）的难易程度，此定义还是局限于语言层面的研究，基于这个视角的研究最典型的当属哈特（Hart Gonzalez）和里德曼（Lindemann），两位学者列出了国际上43种语言与英语距离的评分，分数越低者与英语的距离就越远，该研究为以后语言与国际贸易的研究提供了实用性数据。"语言距离"研究的第二个视角，即语言和国际贸易的关系研究。

莫里兹（Jacques Melitz）将语言多样化指数引入引力模型（Gravity Model）中来。在他看来，直接的语言交流和通过翻译网络间接交流都可以促进国际贸易。通过实证研究，他得出结论：作为全球的超中心语言，英语并不比欧洲其他的主要语言在促进国际贸易方面有更多的优势。当读写能力对国际贸易的贡献提高1%时，将以降低国内语言种类贡献的3%为代价。这也从一个侧面表明，国际贸易对语言多样性也有很大的影响。

和莫里兹相反的是，哈克萨（Hutchinson）认为一个国家说英语的人数越多，那么本国与美国的进出口贸易量就会越大，可见，哈克萨关注英语对一个国家进出口贸易量的影响。同哈克萨的观点类似，库哈林（Hyejin Ku）和齐斯曼（Asaf Zussman）阐述了英语在对外贸易中的地位，认为当各个国家采用英语进行贸易时，英语水平对双边贸易有了很重要的影响，提高英语熟练度可以减轻双边贸易的障碍。劳曼（Johannes Lohmaan）也对语言障碍问题很关注，在《语言障碍影响贸易吗》一文中，他提出了语言障碍与双边贸易呈显著负相关。他在该文中提到，语言障碍指数每增加 10%，双边贸易量有可能减少 6.8% 至 9.8%。在其他变量不变的条件下，语言距离降 1%，双边贸易量就会增加 0.7%。

由上可见，各位学者研究的切入点不同，一些学者关注语言多样化对贸易的影响，一些学者关注语言障碍与贸易的关系，另外有学者直接研究特定语言对国际贸易的影响，他们的研究都在不同程度上论证了语言差异或语言距离对贸易的影响，揭示了语言与国际贸易的相关联性。

第二章　语言学视角下的语言经济学研究

　　语言经济学是一门交叉学科，跨越经济学和语言学以及其他诸多领域。作为一门新兴学科，语言经济学备受经济学界和语言学界研究者的重视，但两个学科领域关于语言经济学的研究视角、方法和路径却有着很大不同。在前面的章节，本书已经介绍了经济学视角下语言和经济的关系，主要从理论研究和实证研究两个方面着手，从经济学视角对语言进行反思，对语言的经济影响和后果等问题进行研究。

　　本章将从语言学视角对语言和经济的关系进行探究，着眼于复杂语言系统生成演化过程中衍生出来的"常规性"和语用行为中言语资源配置的均衡与优化问题。李淑平认为，语言学中的经济思想主要体现在两个方面：一个是语言价值论，另外一个是体现省力原则的有效选择论。除此之外，很多学者提出，语言是一种资源，这是因为语言具备资源的一般特征，语言资源具有可利用性、非再生性、有限性和稀缺性。本章将延续前面章节的架构，从语言学视角出发，对生活中常见语言现象进行剖析，探究其中蕴含的经济学思想。

第一节　语言学中的经济思想

上一章从经济学视角出发，对经济发展促进新词汇的产生、经济全球化促进语言全球化、经济发展促进语言传播等问题进行深入阐释。本部分将以语言学中蕴含的经济思想为着眼点，探究流行语、广告语等语言现象中蕴含的经济价值，探究语言多样性与经济发展中蕴含的语言价值理论，对已有理论研究和实证研究进行梳理。

1.新兴语言中的经济思想

随着经济社会的发展，日常生活中接触和使用的语言同样也是日新月异，人类通常借助语言进行交流或获取信息，却经常忽视了对语言的细致研究。例如，随着科技进步，网络已基本实现全面覆盖，网上聊天越发方便，甚至代替了很大一部分面对面的交流。但虚拟世界的聊天和现实世界面对面的聊天还是存在差距的。在虚拟世界聊天时，人们都善于采用一些网络流行语，这些网络流行语虽简短，却能充分表意，而且还可以为聊天增加些许诙谐和幽默感。使信息流动的同时，提升了聊天的趣味性和效率，可更好地实现虚拟世界效用的最大化。因此，网络新手往往提前了解网络流行语，为了使交际的亲和性和信息性并存，交流者在进行网络沟通时，有时会适当摒弃一些原有的表达习惯和表达方式，而代之以新的表达方式和手段，实现更有效的沟通和交流。这实际也涉及了言语优化配置的问题。

向明友曾指出，人类的言语生活受行事能量恒定规律、追求言语效用最大化规律以及言语边际效用递减规律支配。基于这三条规律，人们努力追求言语的优化配置，并使其成为可能。在语用行为中，言语的优化配置主要表现出以下几种属性：一般均衡性、前提共识性、择近性、从众性、言语生效性。笔者认为，虚拟世界进行言语配置的过程，主要体现了一般均衡性和从众性这两种属性。在言语配置中，只有实现言语投入与言语需求的一般均衡性，言语配置才能优化，投入的言语总效用才能实现最大化，这就是言语配置的一般均衡性。除了一般均衡性，从众心理对人类的语用行为也有着重要的制约和规范作用。为了实现交际效用的最大化，交际双方需共同坚守从众性，遵循绝大多数交际者的语言工具原则。

在虚拟世界聊天时，我们常常可以看到许多表意的图形符号语言，这些如画的图形符号就如中国的象形文字一样，虽然脱离了文字本体的意义，却具有超越文字本体的意味，这些符号简洁易懂，和文字本体相比，多了一份亲近和诙谐。还有一些流行语由数字和字母的谐音组合，例如"1314"（一生一世）、"3Q"（Thank you）等，同样体现了语言交际中的效用最大化原则，即用最简洁的语言传达说话者的意思。在虚拟世界进行交流时，无论是运用符号图形还是数字和字母的谐音组合进行，都实现了言语投入与言语需求的一般均衡性，因为交际双方对这些简洁的网络交际用语有着共同的趋向性。这也从一个侧面体现出言语优化配置中的从众性，只有交际双方依照同样的尺度或标准进行言语选择，才能实现交际效用的最大化，减少不必要的误解。

除了虚拟世界中的网络聊天流行语外，一些广告语也蕴含了一定的经济原则。广告语的经济原则主要体现在节约用词，力求用最少的词传达最丰富的信息，高额的广告费用使商家不得不在精练高效方面有所考虑。据统计，在美国，广告提供了60％左右的杂志收入、大约76％的报纸收入、几乎100％的广播和电视经费。如何在有限的时间和表达空间内利用最少的语词符号向观众传达最丰富、效果最理想的信息，这是商家要积极面对的问题。例如，在雷达牌杀虫剂的广告中，有这样一句经典的广告语："Mosquito Bye Bye Bye.（蚊子杀杀杀）。"这句广告语就像顺口溜一样，用词较少，却将杀虫剂的效用完美地展现了出来。此外，顺口溜还便于记忆，可以给观众留下很深的印象。这样一来，广告商的目的就达到了。

可见，在网络流行语、广告语等新兴交际语言中，不乏经济思想的具体体现。这些语言在我们生活中非常普遍，但是人们很少从经济学思想这个层面去对它们加以审视和挖掘。这里也仅以上述有限案例加以示范和说明，以引发读者觉察并意识到我们生活中语言与经济的交织及二者不可分割的表现。

2. 语言符号中的语言经济

前面章节已经提及，语言本身就具有经济特性，因此，语言不单纯是可以为经济和经济活动服务的工具，它本身也具有不可忽视的经济价值，这一点在前文有关语言与收入关系的理论和实证研究部分已有描述。何花也曾提到，语言符号是语言物质性的表现形式，承载着文化和历史的积淀。在文化传播中，语言符号也扮演着重要的传播媒介角色，我国通过孔子学院传播中国文化便是最典型的一个案例。中国传统文化博大精深，历经了岁月的沉淀，各大孔子学院的建立、相关书籍的选购、各种相关影音资料的积累，在文化传播中发挥了重要作用，而语言在这个过程中则发挥了语言符号的传播媒介作用。无论是孔子学院的教学和交际工作，还是孔子学院的教材，无一不借助中文这一语言符号来落实，这本身就体现了语言符号作为传播工具的经济文化价值。

语言符号的概念最早由索绪尔（Saussure）提出，他在《普通语言学教程》中指出语言是用于表达观念的符号系统。这也是他提出的最基本的一个理论，任意性、二重性、递归性是他赋予语言符号的属性。关于符号的概念，因思想基础和出发点不同，学者们有不同的定义，但大部分符号学家认同语言符号的双重意义，即物质性和思想性。这又与索绪尔提出的语言符号的"能指"和"所指"不谋而合。"能指"就是语言的物质形式，由声音和形象两部分构成；而"所指"是语言所反映的事物的概念，较为抽象。

除了作为思想文化的传播工具外，语言符号还可以通过其他方式产生经济效益和价值。苗荣曾经提到，山东青岛不光在英语教育方面取得了良好成效，同时在包括日语、韩语等在内的其他语言教育方面有着较好的成果，使得来青岛旅游的海外游客无论是在数量还是在结构上都发生了明显的变化，游客数量直线上升，促进了青岛旅游业的进一步发展。这表明，语言符号的经济价值在国民产业中也足以显现。

因此，从语言符号角度出发的语言经济研究也是多方面的，在任何语言环境下存在的语言符号均有其意义和价值，我们要多关注生活中出现的各种语言符号，探索其使用现象和经济价值，语言和经济就在我们身边。

3. 语言的价值分析

前面提到，经济的发展可以促进语言的传播，反过来亦是如此，即语言的传播也可以促进经济的发展。本节的第二部分提到，在文化传播中，语言作为一种符号，发挥了重要作用，可以带来巨大的经济价值。语言传播对经济发展的促进作用不仅表现在符号层面，还体现在语言本身所具有的价值和效用层面。有诸多学者将语言的价值进行细分，从个人价值、社会价值和市场价值等方面着手，对语言中蕴含的经济价值进行分析。

段红鹰和娄玉娟曾谈及语言蕴含经济价值的主要表现，两位学者谈到，语言帮助克服跨文化经济交际障碍，引进知识交际经济；帮助人们完成某种工作、从事某种职业或参与某种活动；语言在劳务市场中可以满足社会的需要；语言的经济效用取决于诸多方面，例如劳务市场的供需、消费市场上应用的多寡、人际交往中是否常用以及跨文化交际的融合度。从这些经济价值的表现，我们可以窥见语言的经济价值涵盖个人价值、社会价值和市场价值。

风罡提到，语言的个人价值是个人人力资本的组成部分，人力资本是知识和技能的结合。这与前面提到的人力资本理论下语言和收入关系的研究异曲同工，鉴于之前已作详细阐释，故这里不再赘述。语言的社会价值表现在语言不仅会对微观主体产生巨大的经济效益，也会对经济社会发展产生积极的影响。这主要体现为语言文化产业的发展对我国国民经济发展的带动作用。

除了个人价值和社会价值，语言还具有一定的市场价值，这主要表现在两个方面：一方面，特定的词汇可以反映出当时的市场状况。任荣曾提到，在我国经济由计划经济向市场经济的过渡期内，人民大众的语言发生过翻天覆地的变化。其中，经济类词语占据了半边天，"一滴水里见太阳"，使人不禁联想到我国20世纪50年代后期到70年代末，"工分""粮票""布票"是人们生活中必不可少的词语，反映出当时我国物质产品的匮乏和生产方式的落后。后来，"改革开放""解放思想""两个文明"等词语闯入人们的生活，反映了我国工作重点的转移和经济实力的增强。另一方面，语言要适应市场经济的语境，同时推动市场经济发展。正如列宁所言：语言是人类最重要的交际工具，语言的统一和语言的无阻碍发展是保证贸易周转能够适应现代资本主义而真正自由广泛地按各个阶层组合的最重要的条件之一。最后使市场同一切大大小小的业主、卖主、买主密切联系起来。如今，在经济全球化的背景下，语言的市场价值更加凸显。

第二节　语言学视角下语言与经济的理论研究

1.修辞学中的语言与经济研究

"修辞"二字对于我们每个人来说不是很陌生，因为在求学阶段，我们都或多或少地对一个句子的修辞手法有过鉴别，然后分析该修辞手法的作用。只不过那个时候，我们对修辞手法的理解尚浅，局限于语言领域。今天我们要探讨的"修辞"已经逾越了这些局限，无论是在修辞还是在研究领域方面，都有很大程度的拓展。本节延续本书整体脉络，着眼于语言与经济研究，建立在"修辞"的基础之上。

郑颐寿曾给修辞下定义，他认为修辞是在具体的语言环境中，为确切地表达话语中心，对语言进行解构、选择、加工以取得最佳表达效果的一种活动。笔者认为，此处的"最佳表达效果"与"最优化""经济原则"异曲同工，都是为了获得更大的交际实效。

谈起"修辞"，我们不得不谈起一个与之相关的学科，即修辞学。修辞学是语言学的一个分支，主要研究修辞规律。黄知常指出，修辞学的学习与运用体现了语言经济学的原理，迎合以经济建设为中心的现状。他对修辞活动中的语言规律进行探讨，将语言和经济有机结合。在他看来，修辞的语言经济学规律主要体现在以下三个方面：修辞知识的学习与运用存在着投资与收益的对应关系；修辞运用的经济价值有高低之分（经济文本，非经济文本）；借鉴经济学的研究方法可以促进修辞学的深入发展。他将经济学的方法用于对修辞的研究之中，更加深入地揭示了言语修辞规律，促进了修辞学学科建设，为修辞学和经济建设关系的进一步发展开天辟地。同时，也深化了语言和经济关系的研究。

由此，黄知常探究了言语修辞活动中的语言经济学原理，从修辞的运用出发，继而探讨其中的语言经济学原理。我国学者朱立华直接在其文章中引入经济修辞学这一学科，并深入研究了经济修辞学方法论、功用论、批评论等方面的内涵。此外，他还对经济修辞学的研究动因和前瞻性进行了分析。从朱立华的作品中，笔者收获最大的是明晰了经济修辞学研究的两个内核，即经济学语篇的文学特质研究和经济学语篇的隐喻修辞研究。经济学语篇的文学特质研究也体现在经济学和文学的交叉研究中，文学研究离不开语言研究，修辞研究是语言研究的重要内容。将研究语言文学修辞的方法应用到经济学语篇的研究中，不仅拓宽了修辞学研究的领域，也开阔了经济学研究的视野。在经济学语篇的隐喻修辞研究中，语言学家和经济学家的切入点是不同的。语言学家以隐喻修辞为本体，以经济学语篇为素材；经济学家以经济学语篇为本体，以隐喻修辞为手段。笔者认为，虽然语言学家和经济学家的切入点不同，但是修辞基本上是为经济学语篇的研究服务的。同时，这也表明，即使是经济学家，也应该遵循并使用文学修辞机制，将抽象、深奥的经济学平民化，避免经济学"数学化"的倾向。

梁婧、庞奔奔在其作品中对经济学语篇的修辞学特质进行了深入研究，主要从经济学语篇的文学特质、劝说机制和隐喻修辞等三个方面展开叙述。在经济学语篇的文学特质和隐喻修辞方面，两位学者和朱立华的见解几近相同。他们也认为，经济学语篇的文学特质体现在经济学和文学的交叉研究中；隐喻可以帮助人们进一步了解经济学理论。

综上，从修辞学的视角出发探究语言和经济的关系可以从很多方面入手，主要包括以下几个方向：经济学语篇的文学特质研究、隐喻研究、修辞运用的经济价值等。国内一些学者选取广告语和品牌宣传语篇作为案例，研究其中修辞的经济价值等。在后面的实证研究部分，笔者会对相关内容再进行阐释。

2.省力原则

除了以上谈到的修辞学研究，语言学领域的省力原则也是从语言学角度出发，探讨语言与经济的关系。张卫国和刘国辉曾在其文章中指出，语言学中提到的"语言经济原则"一般情况下就是指基于齐夫（George Zipf）定律的语言省力原则，这一原则借用了"经济"这一概念。赵世举和葛新宇曾在其文章中提及齐夫省力原则的由来，两位学者谈到，语言的经济原则最早是由惠特妮（William Dwight Whitney）在《作为语音动力的经济原则》一文中正式提出的，齐夫在其基础上对语言的经济原则进行深化，形成了"省力原则"。在1949年，齐夫提出了这一指导人类行为的基本原则——省力原则。在正式论证之前，齐夫首先澄清了"省力原则"的字面意义。第一，这是一种平均量。一个人一生要经历很多事情，他在一件事情上的省力可能导致在另一件事情上的费力。第二，这是一种概率。一个人很难在事先百分之百地肯定某种方法一定能让他省力，他只能有一个大概的估计。

在笔者看来，在语言学领域，省力原则就是使用最精简的话语传达更多的信息，以达到最大的交际效果，其中蕴含了语言"成本—收益"的经济性特征。苏剑在其文章中也提到"省力原则"的含义，他认为所谓省力原则指尽量用最小的代价传达最多的信息，正与经济学的内涵相符。"最小的代价"主要是通过语言表达方式来实现的，即语言的内部结构。例如，短词的使用在一定程度上可以达到"省力原则"的目的。在此需要强调的是，在"省力原则"的引导下进行言语交际时，为了降低成本而不顾信息传达，一味地减少词汇使用是不明智的。我们应该在保证语言能够准确传达信息的前提下，再考虑语言表达方式的选择。

相对应地，我国学者向明友提出了"新经济原则"。向明友在其文章中提到，语言的"新经济原则"包括一般均衡原则、前提共识原则、择近原则、言语生效原则和从众原则。只有说话人的言语提供和受话人的言语需求达到平衡时，所供给言语的总效用才能达到最大化。共识原则要求话语前提承载的信息必须由交际双方所共知，只有这样，双方才能实现交际效用的最大化。在交际过程中，进行话题选择时，发话人要充分考虑受话人的省力动机，考虑其大脑中储存的已有经验，以实现交际效用的最大化。在交际过程中，发话人还应当兼顾话语的效果和受话人行事的能力，争取实现语言的"效用"，而不是"效果"。从众原则旨在说明双方在进行交际时，应当遵循共同的社会组织规则和语言结构规则，在特定的原则范围之内进行交际。显然，向明友在兼顾发话人和受话人的前提下，提出了以上"新经济原则"，这与齐夫的思想是相似的。齐夫认为，用词经济可以从两个角度来讨论，即说话人和听话人的角度。从说话人的角度看，用一个词表达所有意义是最省力的。但是从听话人的角度看，这是最费力的。这两种力量相互冲突和矛盾，只有二者达到一种平衡状态时，才能实现真正的省力。笔者认为，齐夫所谓"平衡状态"可以通过向明友提到的四个语言的"新经济原则"来实现。向明友提出这些语言的"新经济原则"虽然与齐夫的"省力原则"表述不同，但在最终要达到的目的层面却是不谋而合的，都是为了达到最大的交际效果。

我国学者薄守生对省力原则进行了更加细致的研究，他谈到了两种不同的省力原则，即语音语法语用方面的省力原则和汉字、文言对教育普及的影响。在第一个层面，他谈到，弱读、连读、浊音轻化、不完全爆破等发音规则都可以在一定程度上省力。此外，他还提到，现代汉语中的元音央化有时也可以省力。发音的时候，舌头太靠前或太靠后都让人感觉不是那么自然。再者，人在遇到紧急情况时，也来不及顾及一些发音规则，只要能表意就足矣。在紧急情况下，元音央化更能够实现言语效用的最大化。在他看来，汉语和英语语法方面的省力主要表现在汉语中的承前省略以及英语和汉语中代词的出现。在第二个层面，主要表现在新中国成立以后的汉字简化提高了语言学习的效率，推动了教育的普及。简化后的汉字无形中为人们节约了很多成本，在此基础上，却传达了与之前的汉字同样的信息量，充分实现了语言效用的最大化。

我国学者姜望琪在其文章中，还将马丁内特（Martinet）的观点引入，和齐夫的省力原则进行对比。两位学者的思想是完全一致的，只是措辞有所不同，马丁内特更喜欢用"经济原则"这个名称。马丁内特还总结出语言经济的一条基本原则，即为实现交际而付出的努力一般总是跟所传递的信息量成正比。同时他又坚持，每种语言都会有一定程度上的不经济成分存在，冗余是语言交际的必要部分。在此，冗余的重要性并不能贬低语言经济概念的价值，它只是提醒我们注意这个概念的复杂性，最容易的不一定是逻辑上最简单的。由此可见，马丁内特的"经济原则"和齐夫的"省力原则"都不能等同于"简单化"，而是真正的对"高效原则"的追求和体现。

以上部分，笔者从语言学视角出发，从省力原则的由来和内涵方面进行了剖析。该原则虽然不是直接从经济学角度出发，但是蕴含了语言"成本—收益"的经济学特性，成为语言和经济的另一个交汇点。

第三节　语言学视角下语言与经济的实证研究

本章的第二节已经从语言学视角出发，对修辞学中的语言与经济关系和省力原则进行了综述性探究。本节基于第二节的理论探究，聚焦修辞学和省力原则，对相关实证研究或案例研究进行归纳性探究。

1. 修辞学领域的实证研究

本章的第二节已经提及，经济学语篇的文学特质研究和隐喻修辞研究是经济修辞学研究的两个内核。本节将从这两个内核出发，进行实证研究的综述性探究，并穿插笔者的相关观点。

（1）经济学语篇的文学特质研究

麦克洛斯基（McCloskey）认为，经济学家既是诗人又是小说家，经济学既是科学又是文学。他的观点阐释了对经济学语篇进行文学特质研究的意义，他指出，经济学具有文学特质是指经济学也可以像文学作品一样进行语言研究。在经济学语篇中，经济学家所用的语言不应该皆是数学模型、公式和定理，而应当有一些具有文学特质的自然语言，只有这样，经济学语篇才能为大众所理解和接受，而不是局限在少数人群中。因此，经济学的相关研究是离不开语言学研究的。笔者认为，经济学和语言学两个领域的交叉性研究分别拓宽了语言学领域和经济学领域的研究范围。

阅读文献可知，目前国内对经济学语篇的文学特质的相关研究还尚未开启，因此，本节主要关注国外的相关实证研究。

即使经济学语篇的文学特质研究有着重要意义，但有学者不太赞同这一做法，还提出了自己的主张。例如，亨德森（Henderson）认为借用文学批评方法分析经济文本的风格，有其自身固有的缺陷，它容易忽略对语言具体细节的分析，且分析结论抽象、笼统、主观。因此，他主张从语体文体修辞学的角度分析经济文本。吴海荣曾对语体文体修辞学的特点进行了归纳总结，他指出，受到语言学的影响，语体文体修辞学主要有如下特点：第一，对语音、词法、句法和语义等的多层次结构分析。这种分析方法较为全面。第二，不强调确立语言的普遍规范，而注重在不同的语境中分析语言的功能。

利用语体文体修辞研究方法，亨德森从词汇、句法、语义和语篇等方面出发，从语言学视角切入，对数学心理学（Mathematical psychics）的经济文本进行了全面分析。

词汇方面，亨德森指出埃奇沃思多用古典、科技、文学性语言及外来词；句法方面，埃奇沃思多用长句，句中会不断穿插补充成分，但是他都会在补充成分处添加"——"或"（）"等符号。笔者认为，这种做法为读者提供了便利，在阅读其作品时，我们可以先读其主干部分，然后再将补充部分加以解读，这样可以提高效率，在相对短的时间内，更好地理解作者的意思。在语义层面，作者非常注意措辞，类比、对照、对称、倒装等表达方式多样。笔者认为，多样化的表达方式在一定程度上可以使经济文本的语言更加平民化，其效果要优于大量的数学模型、公式和定理，扩大经济文本的受众面和普及面，便于读者对经济学语篇的理解。但埃奇沃思在语篇层面，篇章衔接比较松散，例如，"root and fruit"第一次出现在首页上，到第30页才第二次出现。笔者认为，埃奇沃思在篇章衔接方面需要加强，过于松散的衔接不利于经济效果和整体思想的表达。

在此，暂且不讨论数学心理学是否是一个成功的经济文本，目前值得肯定的是，亨德森主张的多层次结构分析法从具体的细节切入，对埃奇沃思的风格进行了深入的分析，使得分析变得更加具体、细化，为经济文本的语言学研究提供了新的范例。

除了对数学心理学的分析，亨德森还用同样的方法对亚当·斯密的《国富论》进行了分析，在《亚当·斯密的文本分析》（*Textual analysis of Adam Smith*）一文中，他以《国富论》为经济文本的典型，对其成功的原因进行了分析。在分析中，他谈到，《国富论》最突出的特点就是语篇衔接紧凑。整个文本运用了对比和比较等多种表达方式，表述层次鲜明，论证逻辑等策略更是加强了篇章衔接。例如，文本利用数字比较不合作分工与合作分工带来的不同劳动结果，运用行文顺序，先讲一般情形下的劳动效果，再推断分工后的结果，以及使用有关逻辑做到假设与事实相结合，这些手段都为文本的篇章衔接紧凑打下了坚实基础。

亨德森认为亚当·斯密明确了修辞定位，将文本的读者对象定位在普通大众上，用词通俗易懂，避免了大量专业术语的使用。同时选大众熟知的实例加以说明，避开抽象的逻辑定义。

综合以上，亨德森运用多层次结构分析法对数学心理学经济文体和《国富论》进行了全面而细致的分析，从经济学语篇的词汇、句法、语义和语篇切入，评价文本的修辞功能。笔者认为，这种对经济文本的评价方式层次清晰、非常具体，更加让人信服。他的研究拓宽了语言学领域的研究，对经济学家也有一定的指示性作用。在经济文本中，经济学家不应当只关注经济思想的表达，还应当注意经济文本的修辞，因为成功的修辞可以更好地传达经济思想内涵，便于读者对其经济思想加以吸收和理解。

（2）语篇的隐喻修辞实证研究

在学术界内，大多学者都从认知语言学的角度出发，对"隐喻"进行定义。我国学者朱立华曾说道："隐喻是指从一个概念域（conceptual domain）或称认知域（cognitive domain）向另一个概念域或认知域的结构映射（mapping of the structure），即从'始发域'（source domain）向'目的域'（target domain）的映射。"为了更加充分地表达"隐喻"的内涵，朱立华选取了《纽约时报》的一样例进行说明，原文是这样表述的"Alan Greenspan… has been saying the economy is sailing into headwinds"。"sailing into headwinds"本是形容船在航行的时候，遭遇逆风。在此处，报道将"economy"和"sailing into headwinds"联系起来，意在表明美国在经济方面遇到困境。按照朱立华的定义，我们可以将"航行领域"看作第一个概念域，将"经济领域"看作第二个概念域，两个概念域之间的互动可以将美国在当时的经济现状描述得更加明确、具体、形象、生动。可能不是所有人都明白美国经济的运行状况，尤其是平民阶层，但是大多数读者可以体会到船逆风而行的困难境地。隐喻使原经济学语篇的含义表达得更加明朗化，便于人们对该经济学语篇的认知和理解。

我国学者李明也提出"隐喻是人类的基本认识方式"。在其2005年的文章《商务用途英语中经济类文本里的隐喻机制及功能》中,他对"隐喻"的内涵进行了概要界定,即经济类文本中的隐喻机制和经济类文本中的隐喻功能。在"隐喻机制"部分,他选取了很多经济文本,从隐喻的角度进行分析。鉴于经济文本中的经济功能大同小异,在此笔者仅选一例进行详细阐释,其他案例将不再赘述。如下例:

> Rita's commissions began to dry up as her clients quit her for a better deal, the river of gold will soon run dry, the outlook for the stock market will remain cloudy/is bleak, the banks' worst days were behind them.

在这段经济文本中,作者将下滑的市场运动视为自然灾害,像自然灾害一样,给人们带来痛苦和灾难。"下滑的市场运动"对于行业之外的人们来说,是一个相对抽象的概念,人们不明白何为"市场运动",更不理解何为"下滑的市场运动"。将"下滑的市场运动"同"自然灾害"相联系,使得原本抽象的内容具体化、形象化,拉近了大众和报道的距离,而报道是官方拟定的,如此一来,便间接地增进了大众和官方的"亲密程度",有利于大众对当前市场状况和官方经济政策的理解。没有过多的话语进行缀余式解释，仅仅一个隐喻就将意思传达得清晰明澈，可见隐喻修辞的作用之大，充分体现了其现实意义。

类似地，我国学者罗晓燕和葛俊丽也从商务用途英语中的概念隐喻认知机制出发，对认知理论框架下的隐喻研究进行了简要概述，并举例说明了商务英语中隐喻机制的存在，进而说明这些隐喻机制的功能。两位学者谈到，现代隐喻研究从认知理论出发，认为隐喻不只是一种语言现象，还是人们认识世界的一种方式，是人们形成概念的非常重要而普遍的认知机制。社会生活涵盖各个领域的科学知识，上至天文，下至地理，大千领域的科学知识，不乏有一些甚是抽象，难以捉摸。隐喻修辞经常将这些"抽象"具体化、形象化，为大众所理解。随着经济全球化的深入开展，"贸易战"一词成为一时的热词，但是很多人对其理解不是很深入。因此，就出现了"商场如战场"之类的隐喻，经济竞争就像战场杀敌一样，形象地说明了经济竞争的激烈。如下例所示：

> price war、trade war、brand war、advertising campaign、a takeover battle、invading new markets、Coke versus Pepsi、local banks are fighting back、local cigarette makers are up in arms、this is more than just a fight over a single piece of software … threaten the survival of the world's largest software company.

在这段话中，"war""battle"和"survival"本是用在战场上的词，在此，用在了商务英语领域中。对于专业之外的人来说，商务英语中的一些词语是很难理解的，例如"贸易战"，人们很难想象到经济竞争的激烈，但是绝大多数人对于战场还是感触比较深的。因此，这一隐喻便于加深人们对经济市场竞争的理解，更大限度地传达了原文本蕴含的深意。由此，我们可以说，隐喻修辞这一言语表达方法对经济文本内涵的高效传达发挥着非常重要的作用。

不同于罗晓燕和葛俊丽，我国学者陈家晃和段成分析了广告语中的隐喻修辞，以语音隐喻为切入点。通过分析语音隐喻在广告语中的使用，说明其中蕴含的功效。笔者对以下实例感触很深：

7days, without 7 - up, makes one weak.

这则广告是为宣传其饮品"七喜"而创作，巧妙地仿拟了"7 days makes one week"，将"week"用"weak"替代，二者音似形似。通过这一仿拟，商家不费吹灰之力就达到了很好地宣传其产品的目的。进一步为宣传效果加分的是对俗语的仿拟。俗语，为绝大多数人所熟知，早已深入人心，对俗语的仿拟也势必会使广告语深入人心。这一仿拟让观众感受到了艺术的魅力，给观众留下了深刻的印象。语言的魅力为广告语增光添彩，从而吸引大众关注他们宣传的产品，进而为商家带来巨大的经济价值。

此外，还有一些经济新闻也热衷于隐喻修辞的使用。例如，"上周人民币猛跌百余点，外汇投资如何见风使舵；煤炭企业与五大电力集团签约搁浅；中石化'私有化'起锚；BP卖掉亿诺化学，全力盯紧上游业务"。"见风使舵""搁浅"和"上游"皆是航行隐喻，隐喻修辞的运用使经济新闻的内涵传达得更为生动形象，提升了其内涵的大众理解度，从一定程度上扩大了新闻的受众范围，增强了新闻的影响力。

综上，本部分主要讨论了经济文本中的隐喻修辞、商务用途英语中的概念隐喻、广告语中的隐喻和经济新闻中的隐喻修辞的使用。以上分析均体现了经济学与语言学的交织，进一步深化了语言和经济关系的研究。隐喻修辞使得原本抽象或距离我们较远的知识领域变得更加形象、具体、易懂，不需要太多修饰性的字眼和缀余式的阐述，一个"隐喻修辞"足以将文本含义明朗化，充分体现了隐喻修辞的重要作用和意义。

2. 省力原则实证研究

第一节主要讨论了修辞学层面的实证研究，从文学特质和隐喻修辞两个点切入，以经济学语篇为研究对象，探讨了经济研究和语言研究的关系，进一步深化了语言和经济关系的研究。本部分将继续进行实证研究，以省力原则为切入点。笔者通过查阅相关文献发现，关于省力原则的研究多从以下几个视角展开：网络词汇、标识语、电报、新闻和文章标题中体现的省力原则，省略与省力原则，广告语与省力原则。在接下来的分析中，本部分将从以上几个方面出发，探究省力原则的实际应用。

第二节已经提及，省力原则（亦称"经济原则"）的基本思想是用最小的代价换取最大的效益。法国语言学家马丁内特曾就省力原则发表自己的观点，他谈到，省力原则体现在语言经济学层面主要有两个方面：一方面，说话人需要充分表达自己向他人传达的信息，另一方面又要尽可能地减少脑力、体力和时间的付出，力求用最少的资源传达最大的信息量。

（1）网络词汇的省力原则

随着科技的发展和社会的进步，一些网络词汇如雨后春笋般涌现。在很多时候我们会发现，网络词汇最大的一个特点是简练，便于传播，容易记忆。虽然简练，却可以传达出和原本词汇同样的意蕴，用简要的文字说明复杂的理念。也正是因为如此，网络词汇已经被公众接受并广泛使用，逐步流行起来。在年轻人之间的聊天中，网络语言更是常见。

我国学者杨菊花曾对网络语言中的省力原则进行过

相对全面的研究，她主要关注网络缩略语，将常见的网络缩略语分成四类：第一类是利用单词的首字母组合而成的缩略语，例如：NM=Never mind，BTW=by the way，DIY=Do it by yourself 等；第二类是运用谐音而成的缩略语，例如：IC=I see，RU=Are you，Y=why 等；第三类是将数字字母混合，例如：4U=for you，F2F=face to face，B4N=Bye for now 等；第四类是由单词的个别关键字母尤其是辅音字母组合而成，省略单词的元音字母，保存其关键辅音字母，例如：MSG=message，CUZ=because，PLS=please 等。

语言的缩略是省力原则驱使的必然结果，著名语言学家萨丕尔曾说道，语言是利用任意产生的符号体系来表达思想、感情和愿望的人类特有的、非本能的方法。以上提到的各种网络缩略语都是人们在交替使用字母、数字和符号来传达自己思想的案例。这些缩略语简单、随意、创新，顺应如今日新月异的社会潮流。在网上聊天时，使用这些缩略语，可以大大减少语言输入的时间，从一定程度上节约了时间成本，也顺应了当下人们快节奏的生活状态。

（2）日常交流的省力原则

上面部分主要以网络语言为探究对象，分析其中蕴含的省力原则。除了这些网络语言，我们在现实生活的日常交流中，也不乏省力原则的体现，本部分主要关注日常生活交流中呈现的省力原则。

我国学者刘焱可曾对日常言语交际的几种方式进行了研究，笔者将在分析其研究的基础上，结合省力原则进行阐述。在文章中，刘焱可主要论及标识语、电报、新闻标题、名片和广告等交际模式，及其各自特点。标识语经常出现在公共场所，通过观察标识语，我们也可以得出标识语的特点：标识语措辞简洁、精练，从不拖泥带水，虽字数很少，但可以起到极好的警告和提醒的作用。例如：No Visitors（游人止步），Open here（此处开启），Danger（危险）等。类似于这样的标识语还有很多，这些标识语最大的特点就是短小精练，由一两个单词组成，标识语制作方用最小的努力向大众传达出清晰明确的含义，大众也易于理解和接受。这样，制作方便，达到了预期的目的，收获了最大的效益，这是省力原则的一种集中体现。

同标识语相似，电报也是人们用来传达消息的一种途径，只不过在如今可能用得不频繁了。在看一些抗战时期的电影时，发电报的画面总是一幕幕闪过。为了提高效率，快速地将信息传达给对方，发报人总是本着清晰、简洁的原则，将主要信息快速传达给收信人。笔者认为，这也是省力原则的一种体现。发报人试图用最小的努力、最小的成本将最多的有用信息传达给对方。

在通信发达的今天，虽然电报用得少了，但是新闻却大量地涌入我们的生活，对于一则新闻而言，醒目的新闻题目相当重要。新闻题目常常采用缩略词或在句中省略的方式，来保证新闻题目的简洁、精确。刘焱可曾选用新闻题目"China sees housing as engine to drive economy"进行研究，这个新闻题目在句意上和"China sees housing as an engine to drive economy"相同，很明显，题目中省略了一个不定冠词。该冠词的省略没有改变句子的意思，却让整个语句看起来更加简洁。除了题目，整则新闻都是遵循着简洁、精确的原则，在规定的时间内向观众传达最多的信息。这些都是省力原则在生活中的体现。

如今，在生活中，名片时常可见，尤其是商务会晤。在第一次见面时，双方都是通过名片相互了解，名片上包含姓名、工作地点、职务、联系方式等基本个人信息。如何让对方通过小小的名片对自己有一个充分的了解，名片上的言语措辞很是重要，我们要遵循简洁、清晰的原则，呈现有效信息，让对方在拿到名片的那一刻立即就对我们有一个清晰全面的了解。

（3）省略与省力

除了以上谈到的网络词汇和生活中的标识语、电报、新闻、名片等体现省力原则，句法中的省略也常常体现着省力原则。本部分将结合英语和汉语句式具体阐释省略和省力之间的关系。

赵耿林曾谈及，省力原则是省略的理据之一。在生活中，我们不乏听到省时、省力、省钱、省物等说法，其实语言也是可以省的。杰斯佩尔曾经说过，所有人身上都有一种心理力量在起作用，那就是倾向于懒惰、逃避、随便、散漫或其他已被发明的表示"省力"或"避难就易"的同义词。省略同省力原则的要求相似，不能为了省略而省略，要有原则的省，保证交流的最佳效果。赵耿林将省略分为三种类型进行分析，探究其中的省力原则。本部分将借鉴其观点，并辅以实例加以说明。

依照省略成分的不同，我们可以把省略分为词语省略和句子省略。例如，①A：There are many apples. How many would you like? B：I'd like to have three. 在这个句子中，"three"相当于"three apples"，在这个名词性短语中，中心词"apples"被省略。中心词被省略并没有影响双方的交际，因为在完整回答"three apples"中，"apples"在提问部分已经提及，属于旧信息，双方就不再特别关注，而只是特别关注新信息"three"。因此，对于说话者而言，其中心词的省略在一定程度上省了力，而且没有影响其语义的表达；对于听话者而言，听话者恰到好处地接收信息，没有任何赘余的信息，便于听者更快地理解信息并将其转化为行动。句子的省略一般是指分句的省略，例如，②A：你知道丹妮为什么伤心吗？B：我不知道（丹妮为什么伤心）。在这个例子中，整个分句都被省略，而被省略的部分也是上文已经出现过的旧信息，如果此处分句不省略，听话者将会在大脑中运行很多赘余的信息，大大增加了时间成本。所以，此处的省力原则使用得恰到好处。

依照省略位置的不同，分为句内省略和隔句省略，这两种省略都是对主语的省略。不同的是，前者是指相邻两个短句之间承前省略主语；后者是指非相邻短句之间主语的省略。例如：③"她一路走来很是艰辛，哭着笑着，百感交集。""哭着笑着"是主语"她"的情绪，此处承前省略了主语，达到了说话者省力的目的，听话者听起来也更加连贯。④"她毕业了，离开了自己生活了四年的母校，走不到几步，就回头看看，想多看几眼这里的一草一木。吃惊的是，曾经并肩作战的小伙伴们一起拥上来，互相拥抱，一切就像刚开始一样。"这段话中，短句"吃惊的是"的主语是"她"。虽然中间隔了几个短句，但是此处的省略没有显得很突兀，反而觉得整个句子浑然一体。

依照省略的起因，省略可以分为承前省、对话省和蒙后省，承前省可以参照③④，对话省可以参照①②。笔者在此举一例说明"蒙后省"，笔者认为，蒙后省在英语中体现得更为显著。例如：Being sad， she did not pass the exam. 在这个句子中，"Being sad"相当于"She is sad"，使用非谓语动词，蒙后省略了主语。

以上三种省略虽具体情况不同，但其原理是相同的，都是为了达到省力的目的。因此，我们可以说，省略是省力的表达手段，省力是省略的最终目的和归宿。言语交际中，我们总是遵循着经济省力的原则，以期通过言简意赅的表达，有效地传达自己的意思。这样的话，听者也可以有效地把握和理解要点，不至于丢掉重要信息。但是要注意的是，"省略"要做到恰到好处，一味地追求省略而不顾句意表达的行为是万万不可取的。

（4）广告中的省力原则

与以上提到的标识语、电报、新闻和名片类似，但又比日常的交流方式复杂，广告语中也不乏省力原则。高额的广告费用致使广告制作商已经开始思考如何用最少的话表达最准确、最丰富的广告信息，即坚持省力原则，投入最小的成本，取得最大的经济效益。在短短的一则广告中，要真正做到"省力原则"，语言表达至关重要，这也使广告制作商绞尽脑汁。为了使用最少的话，制作商有意使用多样性的语言，将数字、符号和文字有机结合，使广告富有艺术感，给观众留下深刻的印象。例如，雷达牌驱虫剂的经典英文广告："Mosquito Bye Bye Bye.（蚊子杀杀杀。）"该广告语言简练，没有用大量的词语去介绍杀虫剂的功效，而是采用顺口溜式的语言将杀虫剂的功效传达得淋漓尽致，不仅节约了用词，还给观众留下了很深的印象。又如公益广告"酒杯+方向盘=棺材"，仅用两个符号和三个词便将广告的寓意完美地传达给了观众，言简意赅、直观形象，使观众意识到酒后驾车的严重后果。虽没有太多警醒类的语言，但取得了很好的警示效果，是对省力原则的成功运用。

给人感触最深的公益广告是《妈妈洗脚》，广告中一位年轻的妈妈下班后很耐心地给婆婆洗脚，门口的儿子看到后，也跑去打来一盆水，踉踉跄跄地端到妈妈面前，对妈妈说："妈妈，洗脚。"整个广告几十秒钟的时间，广告词也很少，但是就这短短几个字的广告词却使广大观众潸然泪下，纷纷效仿。潸然泪下是因为几十秒的广告戳中了中国人固守的"孝道"，充分弘扬了中华民族传统的道德文化，并将其深深植入观众的头脑中，取得了良好的公益效果。

除了借助广播和电视，广告还将报纸、杂志等纸质材料作为载体，这些纸质载体以广告的字数和篇幅来收费，为了将费用降到最低，同时又将广告的意思完整地传达给观众，广告商需要特别注意广告语措辞的精练，短词和缩写词的适时运用可以节约很多费用。例如以下两则招聘广告：

Wanted： Baby-sitter Girl aged 16-20 Hours： 6 pm to 9 pm Mon. Thur. Fri. $ 2.50 per hour Call John White Phone No.（202）812-6171	招聘 兼职工作 营业员 时间：下午 6：30 至 9：30 薪水：每小时 5 美元 联系人：张华 电话：（025）4442888 地点：中山路 3026 号

（该招聘广告源于 刘焱可《从省力原则看言语交际》，2008）

这两则广告主要传递的是招聘信息，招聘单位措辞精练，没有一个多余的字眼，恰到好处地传递了招聘信息。节约了广告成本，取得了最大的经济效益。

综合以上阐述，本节关注实证和案例研究，以经济学语篇的文学特质研究、隐喻修辞研究和省力原则为切入点。经济学语篇的文学特质研究和隐喻修辞研究可以将原本抽象的内容具体化、形象化，便于理解，而无须浓墨重彩般的解释说明。在省力原则引导下，以最小的成本换来最大的效益，节约了时间成本、费用成本、资源成本等，从而深化了语言和经济关系的研究。

第三章　语言与经济应用研究

本书的第二章和第三章分别从经济学视角和语言学视角出发，以理论研究和实证研究（案例研究）为切入点，对语言与经济关系研究进行了系统阐释，内含笔者个人观点。本章将重点关注语言与经济应用研究，本章内容与我们的实际生活更加贴近。纵观实际生活中的语言与经济关系现象，笔者将语言与经济应用研究分为语言服务、语言产业和"一带一路"的相关研究等方面，希望对应用研究进行一个相对全面的探讨。

第一节　语言服务研究

1.理论研究

本部分主要谈及"语言服务"的相关理论知识。此外，还会围绕本书的主旨"语言与经济"，讨论语言与经济视角下的语言服务。

（1）泛谈语言服务

关于"语言服务"的概念界定，不少学者都曾提出自己的观点。此外，还有学者对语言服务的领域和类型进行了细节分析。

2005年9月，上海"世博会语言环境建设论坛"上第一次提出语言服务的概念。2007年屈哨兵首次将"语言服务"作为明确概念提出。陈鹏曾提出一种语言行为要成为语言服务，需要具备两个条件：一是有服务对象和服务目标，在服务意识引导下产生的服务行为；二是通过语言行为来进行服务，它的服务形式是语言活动。李现乐曾谈到，目前得到学界基本认可的语言服务的概念是，语言服务具有广义和狭义之分，狭义的语言服务最早是指语言翻译服务，并向与此相关的本地化服务的方向发展。广义的语言服务是以语言或语言衍生品，例如语言知识、语言艺术、语言技术等来满足政府、社会及家庭、个人的需求的活动行为。陈鹏又将广义的语言服务分为专业语言服务和行业语言服务：前者是指提供语言产品的语言服务，例如语言培训、语言出版、语言翻译、语言信息产业等方面的服务；后者是指伴随、渗透在各个行业活动过程中的语言服务，这样的语言服务在行业活动中的作用是辅助性、伴随性的。

张文和沈骑在其文章中也提到，语言服务最初是指语言翻译服务，但随着语言服务的发展，它已经具备"语言"和"服务"双重属性，渗透到了多个领域、各个行业，例如休闲旅游业、酒店业等。为了能够更好地满足市场的要求和大众的消费需求，语言服务已经不再局限于语言水平，而是结合了各个领域、各个行业、个人特色，甚至提供定制化的语言服务，发展前景相当广阔。

2012年，由教育部和国家语委颁布的《国家中长期语言文字事业改革和发展规划纲要（2012—2020年）》提出了语言"服务体系"的概念，指出：把服务国家经济社会发展大局作为语言文字事业改革和发展的基本原则。陈怡洁曾对国内学者关于"语言服务"的概念界定做出总结归纳，她谈到，目前国内对语言服务概念的看法大体分为宏观、微观两类，这和李现乐关于语言服务的广义和狭义论断相似。笔者在梳理"语言服务"的相关理论研究时，也发现了这一倾向。徐大明从宏观视角定义语言服务，他谈到，语言服务应该是指国家为人民提供的语言服务，它是国家全部服务的一部分。李现乐从社会语言学的角度解释语言服务的宏观和微观意义：微观层面主要是指一方向另一方提供以语言为内容或以语言为主要工具手段的有偿或无偿，并使接收方从中获益的活动；宏观层面的语言服务是指国家或政府部门为保证所辖区域内的成员合理、有效地使用语言而做出的对语言资源的有效配置及规划、规范。以上为"语言服务"这一概念的相关界定。

（2）语言服务——语言经济

本书所谈到的"语言服务"是建立在语言与经济关系研究之上的，因此谈到"语言服务"时，不得不谈到的是"语言经济"。陈文凯曾谈到，虽然语言服务已经成为学者们研究的热门话题，但是从语言经济学视角考量语言服务的研究成果并不多。如今在全球经济一体化的背景下，语言已全面渗透到社会生活与经济生活的各方面，发挥着不可替代的作用。语言与经济的密切关系日显清晰，语言的经济属性日益显现，本书前面章节已经从经济学视角出发，多方位探究了语言的经济属性。由此，从经济学的角度探究语言服务，从语言经济学视角分析语言服务显得十分必要。李现乐在多年致力于语言服务研究的基础上提出，语言服务也是语言经济的重要组成部分之一。既然语言服务和语言经济密切相关，那么语言服务中的语言是如何体现其经济价值的呢？在语言服务和语言经济之间是否还存在着一个中间量呢？

笔者通过梳理相关文献发现，在语言服务和语言经济之间确实存在着一个中间量，在二者之间发挥着桥梁的作用，这个中间量就是语言资源。近年来，语言资源日益受到人们的重视，大众的语言资源观也在不断加强。长期以来，在人们的头脑中，经济是一个国家的硬实力，语言文化是软实力。然而我国学者李宇明却道出了不同的观点，他认为语言也是一种"硬实力"，它不仅仅是文化资源，还是经济资源，可以带来经济效益。学者郭龙生谈到，我们用语言交流思想、表达感情、认知世界，这是语言工具性的具体表现，也是语言服务的主要关注点。但是除了语言的工具性，语言还有资源属性、经济属性、文化属性、政治属性等，语言的工具性是这些属性的基础。

学者李现乐则直接从语言经济贡献度的角度切入，探讨语言的显性价值和隐性价值。他认为，语言服务的价值分析基于对语言资源的价值认识。陈章太认为，隐性价值是语言本体的价值，例如语言地位、规范程度、语言历史等。显性价值是语言应用价值的具体体现，例如社会交际作用、应用效益等。李德鹏关于语言资源的显性价值和隐性价值的阐述与陈章太异曲同工，他也指出，语言资源的显性价值就是以语言资源为工具而形成的价值，主要包括经济价值和文化价值；语言的隐性价值就是语言资源本身，例如词汇、语法等蕴含的文化价值。李现乐在其文章中，也明确指出语言的显性价值主要是指其经济价值，隐性价值多指向社会价值、文化价值等。显性价值主要与专业语言服务有关，隐性价值主要与行业语言服务有关。

本章的下一节将结合以上提到的语言服务的相关理论研究和不同领域的案例，具体探析语言服务的经济价值，希望可以丰富语言与经济的应用研究。

2.应用研究

本节将从应用的视角出发，探究语言服务中蕴含的语言与经济现象。查阅相关文献发现，城市语言服务、企业语言服务、风景区语言服务和高校语言服务等几个方面的研究相对丰富。为了突出重点，本节不再对其他方面的语言服务逐一列举，而主要就以上提到的四个方面的语言服务为切入点进行探析。

（1）城市语言服务应用研究

曹明华和季海龙曾提出，建设智慧城市，语言服务要跟上，使语言服务规划成为智慧城市建设的组成部分。张先亮和李萃媛也强调了语言服务在新型城镇化中的地位与作用。两位学者指出，城镇发展是经济、政治、文化、社会多方面共同发展。语言服务是新型城镇化的重要组成部分，影响新型城镇化的质量和进程。

查阅文献发现，关于我国大庆市、哈长城市群、海南省的研究相对比较系统。韩宁曾谈及大庆市外语服务环境规划建设策略。她认为，语言环境既是人力资本，也是投资环境，具有一定的经济价值，并为经济发展服务。针对大庆市外语服务环境不容乐观的现状，她提出做好城市外语服务环境调查以规范英语公示语使用环境、制定公示语地方翻译标准、改善外语服务体系等措施，这些措施都旨在改善大庆市的外语服务环境，为经济发展服务。褚凌云和邵薇薇曾提及，语言服务不仅促进科技、文化、教育的发展，而且关乎国家的语言能力和大众的生活质量，并有巨大的经济效益。为了推动"哈长城市群"经济外向化建设，应该向其提供交际服务、通信服务、话语构建服务、资源服务和信息服务，以此促进"哈长城市群"的经济发展。程海东和杨雅恬曾基于海南"十三五"特色产业体系，研究其语言服务产业发展模式。笔者感触最深的是语言服务于国际旅游岛建设，打造国际化的旅游目的地，创造国际化的语言环境是个难题。良好的国际语言交流服务能力必定可以吸引更多的外来游客和投资者，从而提高海南岛的经济效益。

（2）企业语言服务应用研究

语言服务不仅在城市建设中可以带来巨大的经济效益，在企业发展中也是如此。对于"走出去"的企业来说，语言服务的经济效益体现得更为突出。董毓华曾对中国企业走出去的现状和对语言服务的需求进行了探究。

针对中国企业走出去对语言服务的需求，他提出，中国企业要提高自身的语言服务意识，让语言服务创造出更多的附加值。例如，可以要求翻译界包括中国翻译协会以及中国外文局等语言服务提供者将中国的技术标准和操作规范翻译成英文或者其他语种文字，让更多的国家了解中国企业的标准，并逐步为各国所接受。这样一来，中国的企业就可以走向更多的国家，为我国带来更多的经济效益。同时，要提高语言服务的深度。在向外国介绍我国的企业时，多语种翻译是一个方面，此外，还要通过语言和文化的沟通让其他国家理解中国企业的发展历史和现状，帮助走出去的企业更好地融入国外环境。

　　崔启亮和刘佳鑫通过调查数据呈现我国企业语言服务的需求。两位学者指出，"走出去"的企业需要加强语言服务能力建设。以语言服务为依托，组建独立、专业的语言服务部门，培养精通专业领域知识、精通语言服务管理与实施的专业人才队伍，制定企业语言服务管理体系，加强企业与员工以及合作伙伴之间在政策制定、经营管理、产品开发、产品销售等各方面的交流，追求企业在各方面的最优化，最终实现经济效益的最大化。

（3）风景区语言服务应用研究

　　语言服务的经济效益在风景区内也足以显现。我国学者刘振平和黄章鹏曾对我国广西壮族自治区风景区的语言服务进行研究，以青秀山风景区语言景观为个案。笔者将结合其研究和语言服务的经济效益等相关信息探究语言服务的经济效益在风景区内的表现。

我们都知道，在很多景区，对于景点的介绍性文字都是双语甚至是多语的，这样做既可以满足更多游客的需求，为游客提供便利，又可以丰富景区的语言景观。从语言经济学的角度来看，无论是出于推动旅游业发展的目的还是出于文化宣传的目的，景区内的语言文字都作为一种商品化的文化符号呈现在公共空间内，吸引世界各地的游客，为当地带来经济效益。

刘振平和黄章鹏在对广西壮族自治区风景区的研究中，使用数码相机在青秀山风景区内共拍得含有文字符号的标牌162块，并通过三个标准对这些标牌进行分类，分类标准有：标牌的功能和使用、标牌的制成材料或物质形式、标牌上使用的语言及其数量。鉴于本节主要关注语言服务中语言和经济效益关系的探讨，所以本节只关注第三种标牌分类方法。根据两位学者的调查情况，青秀山风景区语言标牌共使用了10种语言，分别为：汉字（简体）、汉语拼音、英文、日文、韩文、越南文、泰文、柬埔寨文、菲律宾文和德文，而且绝大多数标牌都是双语或多语的。调查结果显示：单语标牌21块、双语标牌59块、多语标牌82块。语言涉及多个国家，毋庸置疑，这必定会在一定程度上吸引更多的游客前来观赏游览，扩大游客范围和总数量，为当地赢得更大的经济效益。

但是另外一个问题产生了，那就是除本国语言排首位外其他语言的排序问题。两种或多种语言同时出现在一个标牌上时，不可能同时一起出现，总会有先后顺序，那么这个顺序又是如何确定的呢？语言的使用范围和景区游客的构成这两个因素不容忽视。制作语言标牌需要消耗成本，将所有游客使用的语言都刻在标牌上是不可取的，这个时候就需要另外一个尺度来决定如何对这些语言进行筛选。刘振平和黄章鹏两位学者在这个问题上也提出了自己的观点，二位学者认为，应该优先使用通行范围广和游客数量比较多的国家的语言，这样既可以提高景区的语言服务水平，又可以充分提升多语言景观的经济价值。例如，在当今世界，英语无疑是世界上使用范围最广的语言，在设计语言标牌时，应该将英语置于优先地位，其他外语次之。由此不难发现，语言种类的排序也和经济效益有着密切关系。

鉴于其他景区的语言标牌设计和本节提到的青秀山风景区语言标牌的设计大同小异，故不再举其他案例进行说明。我们再来看景区标牌之间的"同"和"异"，相同的是这些标牌都为双语和多语的；但由于每个地方、每个景区都有自己的语言文化特点，所以不同景区语言标牌的语言排列顺序可能会有所不同。风景区的语言标示牌编制尽管有"同"有"异"，但语言标牌的设计标准是同一的，其中"经济效益"是衡量设计标准的重要尺度。

（4）高校语言服务应用研究

除了自然风景区，一些高校内的语言服务也和经济效益紧密相关，直接或间接地创造了经济效益。本节以新余学院"创客"式语言服务中心的建构与运行为例进行说明。我国学者贺一舟和钟芳茹曾对该学院的"创客"有过深入研究。笔者对此感悟很深，故在两位学者的基础上，从语言经济学的角度对"创客"进行探析，以期揭示其蕴含的语言和经济效益的关系。

新余学院的"创客"式语言服务中心借鉴了美国翻译工作坊、创客空间的服务性外语教学模式，然后提出了一种适应我国地方高校的"创客式"语言服务模式。两位学者调研发现，很多城市和地方缺少语言服务，例如公共交通系统语言服务、企业对外贸易语言服务、地方旅游资源开发中的语言服务等。而我国部分高校中存在这样一种情况：地方高校外语院系的学生缺乏参与对应专业的社会实践和服务社会的机会。通过对以上现状的分析，我们可以得出结论：城市与地方的语言服务和我国多数高校一些外语系的学生都面临困境。为了同时改变这两种困境，"创客式"语言服务中心可谓一种最优选择，一方面，通过这个语言服务中心，地方高校外语系的师生能够为公共交通系统、企业对外贸易和地方旅游资源的开发等领域提供优质的语言服务。从而大大节约语言服务方面的成本，促进经济的发展，赢得经济效益；另一方面，也解决了部分高校外语系的学生与社会脱节的现象，为其知识的运用开拓了一片新的天地，也为地方经济的发展繁荣提供了新的路径。因此，在高校外语系的转型发展中，语言服务的经济效益也得以充分体现。同时，"创客式"语言服务中心为高校外语系的转型发展也提供了启示和借鉴。

本小节从语言服务的视角出发，进行了理论和实证方面的综述性阐述。鉴于本节的空间局限性，没有将生活中的语言服务一一列举，只是选择了城市语言服务、企业语言服务、风景区语言服务和高校语言服务等来展开论述，以期为今后语言服务的相关研究奠基。

第二节　语言产业研究

本章的第一节主要围绕"语言服务"的理论研究和

应用研究展开，本节将关注点转向"语言产业"研究，同样将从理论研究和应用研究两个层面来展开。

1. 理论研究

（1）语言产业的界定

关于一个全新概念的理论阐述，最基本的是从其涵义开始，对于"语言产业"而言，亦是如此。在谈什么是"语言产业"之前，我们不妨先认识一下什么是"产业"。我国学者黄少安、苏剑、张卫国曾从经济学的角度出发，对"产业"进行界定，三位学者谈到了"产业"的三个维度：产业是一种经济行为或者经济活动；产业指生产领域的生产劳动和生产劳动在生产领域的延伸；产业是对同一属性企业的集合。三位学者认为，语言产业是一种生产和服务活动，主要采取市场化的经营方式生产语言类产品或者语言服务，满足国家或者个人对各种语言类产品或者语言服务的多层次需求。"语言产业"的外延主要包括语言传播、语言教育培训、语言康复等以及支撑以上服务业的技术产业。

笔者在查阅相关文献时，被一篇名为《语言也是一门产业》的文章吸引了注意力。从题目表面来看，这篇文章是关于语言产业的基础性研究，解析了语言和产业之间的内在联系。细看文章发现，这是一篇书评。董悦在文章中提到，《语言产业导论》（以下简称《导论》）

是第一部语言产业方面的专著。专著的创作是有特定背景的，即在如今日益开放的社会，社会经济交往日益频繁。本书的前面章节也提到，在如今经济全球化的背景下，多语能力已经成为人力资本的重要内容，因此，很多人都会通过投资语言培训来提高自己的语言能力。逐渐地，人们意识到，语言不仅是一个交流工具，更有着非凡的经济价值，正是因为这种非凡的经济价值，围绕"语言产业"，可能会形成一种全新的产业形态。这为今后语言产业的相关研究奠定了基础，创造了条件。

首次对"语言产业"这一概念进行界定的也是这部《导论》。书中指出："语言，是一种永远也卖不完的商品。"

关于语言产业的概念，我国很多学者进行过阐释，多是从语言产业的内涵和外延两方面着手。虽然存在很多种相关界定，但是目前在学界内部仍没有一个关于语言产业的清晰定义。我国学者高传智曾指出，国内"语言产业"作为一个新课题是以文化产业为背景的。例如20世纪90年代的语言培训、语言翻译、语言出版等业态；随着数字新媒体的发展，处于高速发展阶段的语言文字行业，以及语言康复、语言会展和语言创意业态等。在这样的文化产业发展势头下，"语言产业"作为一个全新的课题逐渐进入语言学者和语言经济学者的研究视野和领域。他指出，语言产业的内涵是以语言作为加工对象和产品形态的。

关于"语言产业"的外延界定，他谈到：外延界定涉及"语言产业"与"文化产业"中相关业态的关系。国家统计局2012年发布的《文化及相关产业分类》中将"文化产业"界定为"为社会公众提供文化产品和文化相关产品的生产活动的集合"，包括"文化产品"和"文化相关产品"两大类。前者主要包括新闻出版发行、广播电视电影、文化艺术、文化信息传输、文化创意和设计、文化休闲娱乐、工艺美术品；后者主要包括文化产品生产的辅助生产、文化用品、文化专用设备等。纵观语言产业的内涵和外延，我们不难发现，"语言内容产业"中的大部分业态都属于文化产业中的"文化产品生产"这一大类；"语言处理产业"与"文化相关产品生产"有一定相关，但重合度小；"语言能力产业"中的培训、康复、测试等不属于"文化产业"的范畴。因此，"语言产业"的内涵和外延有一定的关联性，但总体来看，重合度很小。

黄少安、苏剑和张卫国三位学者认为，语言产业是一种生产和服务活动，主要采取市场化的经营方式生产语言类产品或提供语言服务，满足国家或个人对各种语言类产品或语言服务的多层次需求。与高传智的观点类似，三位学者也认为"语言产业"的外延很广，大体可以包括语言推广（语言传播）、语言教育培训、语言翻译、语言康复（听障）、品牌命名、计算机语言，以及作为以上语言服务支撑的技术产业（例如语言文字的信息化处理技术）。各国或地区的具体情况不同，也会出现具有本民族或者区域特色的语言产业。同时，三位学者指出，语言产业是文化产业的基础。刘国辉也提出，语言产业是近年来伴随着文化产业的兴起而发展起来的一种新兴业态。

陈鹏不仅对"语言产业"进行了初步界定，还从以下几个方面着手，对其进行了深入分析：语言产业的核心是语言；语言需求可以在很大程度上催生具有一定规模的语言产业；语言产业的一部分属于文化产业，有一部分超出文化产业之外。这与学者高传智、黄少安、苏剑和张卫国等关于语言产业和文化产业关系的探析不谋而合。"语言产业"这一概念的提出意味着存在一类围绕"语言"来展开的经济活动形式；语言作为某种要素参与经济活动时，我们不能说一定是语言经济，因为严格的语言经济应该是生产语言、消费语言的活动过程。

（2）语言产业的分类

第一小节主要对语言产业的内涵进行了综述性阐释，并夹杂笔者的个人观点。本节将关注语言产业的分类探析，以期清晰地呈现语言产业囊括的内容。

笔者认为，在探析语言产业的分类之前，很有必要对其包括的因素进行梳理。作为第一部语言产业方面的著作《导论》的创作者，贺宏志和陈鹏也最先针对语言产业的要素提出了自己的见解。两位学者对语言产业的要素（产品、需求、市场、技术、职业、企业、政策等）进行了理论分析，并提出了语言内容、语言能力和语言技术三个语言产业的服务范围，不仅为其下一步的研究奠定了基础，更为今后关于语言产业的研究奠定了基础。宋澔从经济学角度出发，谈及了语言产业应该具备的要素，即语言需求、语言市场、语言消费、语言政策以及语言产业结构。关于语言产业要素的研究还有很多，但鉴于其内容大同小异，在此不再一一列举。

《导论》作为第一部对语言产业进行系统梳理的著作，不仅涉及语言产业内涵的相关见解，还涉及语言产业的分类。在书中，作者列举了不同种类的语言产业，有产品形态的，也有服务形态的，新东方的英语培训、雅思考试的培训、全球会议中的各种翻译等都可以归为语言产业范畴。著作作者关于语言产业的概念界定也是基于这些语言产业，他们将语言产业界定为以语言为内容、材料或是以语言为加工、处理对象，生产出各种语言产品或提供各种语言服务的产业形态。

上一小节已经提到，我国学者高传智针对语言产业的内涵提出了自己的观点，其实他还对语言产业的分类有所见解。他阐释了国内学者关于语言产业的分类，即"语言产业"可以细分为语言能力产业、语言内容产业和语言处理产业。借鉴贺宏志和陈鹏的著作《导论》，他对三种语言产业业态的内涵进行了解释：语言能力产业是围绕语言能力的习得、维护和评测来展开的行业，语言康复、语言培训等均属于语言能力产业；语言内容产业是对语言内容进行整理、复制、翻译、创新等的行业，语言翻译、语言出版、语言创意、语言艺术等均属于语言内容产业；语言处理产业是利用各种软、硬件技术和设备对语言进行储存、书写、传递、显示、复制、翻译、识别等的行业，字库、输入法、语音识别等均属于语言处理产业中的内容。

虽然高传智对语言产业进行了更加细节化的划分，并将各个业态分别划分至语言能力产业、语言内容产业和语言处理产业三个方向，然而关于语言产业的分类问讨论并没有止步于此。学者陈鹏沿着高传智的思路，并结合自己的研究和见解，将语言产业的分类绘制成如下表格：

语言产业分类	内涵	业态举例	最终产品形态
语言能力产业	语言能力的习得、维护、测评	语言培训、语言康复、语言测试	综合服务:围绕语言的综合服务活动
语言内容产业	语言内容的整理、转换、创作	语言出版、语言翻译、语言创意、语言艺术	语言文字
语言处理产业	利用设备和技术对语言进行储存、复制、显示、识别、翻译等处理	屏幕书写、字形识别、语音识别、文字处理软件、机器翻译	设备:处理语言信息的软件和硬件

陈鹏曾试图提出一个相对完整的、涵盖更全面的语言产业概念，它涉及所有提供专业语言服务或独立语言产品的产业业态，而不限于语言翻译及相关产业。当然，它也不能无节制地扩展。这个概念的核心应该是满足"语言需求"的独立的语言产品。同时，他提到，只有那些专门针对语言培训、语言学习、语言研究之类的图书才是语言产品。有些产品虽然以语言要素为主体，但并不能称之为语言产品，例如教育、新闻、广播、广告等就不能被直接划入语言产品范畴。为了更加清晰地呈现自己关于语言产业的分类，他采用了图表法。

语言产业业态	语言产品	非语言产品
语言出版	针对提升语言能力的语言出版产品，比如语言学习类、语言研究类出版物，包含所有的翻译类图书产品	非语言类和非翻译类图书产品
语言培训	所有针对提升语言能力的培训	

语言产业业态	语言产品	非语言产品
语言翻译	包括笔译、口译等所有的翻译和本地化服务	
语言技术和设备	所有针对自然语言的处理技术和设备(包括硬件和软件)	
语言创意、语言艺术	书法艺术、字体设计等	以语言表现为主的客类艺术(如脱口秀、相声、话剧)、广告语言创意等
语言测试	所有作为产品形态的语言能力测试	
语言资源整理和保护	辞典、语言数据库、语言规范、语言标准、语言政策等	
其他专业的语言服务	语言速录、语言会展、语言咨询等	

这个表格从不同的维度将语言产业进行了分类，将语言产业分类的研究又推进了一大步。

（3）语言产业的经济价值

丁云亮和李源曾提到，语言产业化的前提是语言具有经济功能。笔者阅读相关文献也发现，关于语言产业的经济价值，多数学者从语言经济学的视角出发，从语言的经济属性视角切入，阐释语言的经济价值，进而谈到语言产业的经济价值。关于语言的经济价值，本书前面的章节已经进行了相对全面的论述，在此不再赘述。

在人类漫长的历史中，语言一向被看作人们交流的工具，直到20世纪上半叶的"语言学转向"，语言成为西方人文社会科学反思自身的逻辑起点，在言语、话语、修辞等语言学的广泛领域，语言被看作人的一种生存方式。在如今经济全球化的社会，人们越来越意识到语言在市场交易和生活博弈中的作用。本书在前边已经提到，语言是一种资源，它不仅仅是一种文化资源，也是一种经济学资源，正如我国学者李宇明提到的，语言不仅是"软实力"，也是一种"硬实力"，可以为社会做出巨大的贡献。本书之前提到的语言的人力资本属性、经济文本的效率与话语修辞研究、语言与收入的关系研究等均是语言经济价值的体现。

宋濂曾谈到语言产业的经济价值主要表现在两个方面：一方面是语言资源产业对经济的贡献，例如语言培训、语言认证和语言出版等语言产业。笔者认为，这是他对于语言产业内涵的另外一种阐释。另一方面，语言的经济价值还体现在语言通过人力资本传导而推动的经济增长。笔者认为，这一点和本书前面章节关于"人力资本"理论的研究有很大的相似性，可谓不谋而合。他还提到，语言的经济价值还体现在以语言为基础的产业上，如文化产业、教育产业、信息产业等。他关于语言产业经济价值的阐释则是对语言产业外延的另外一种表述。

除了语言的经济学属性和语言的价值表现这两个维

度，还有一些学者运用数据和事实说明语言经济价值的
存在。例如，我国学者刘国辉和张卫国曾使用数据证实
了语言产业的经济价值。两位学者指出，《加拿大语言产
业的经济评估报告》显示：2004 年，加拿大语言产业总
产值为 27 亿加元，约占加拿大当年经济总量的 0.2%。学
者赵世举曾提到，《2009 年欧盟语言行业市场规模报告》
表明：2008 年欧盟各成员国语言产业总营业额达 84 亿欧
元，同时每年将以增加 10% 的速度增长，预计 2015 年可
望突破 200 亿欧元，因此，语言产业被列入若干最快增
长产业之一。李玉和赵迎迎曾谈及中国语言服务产业的
总产值：《中国语言服务业发展报告 2012》表明，2012
年我国语言服务业的总产值为 1576 亿元，在"十二五"
期间将保持年均 15% 的增速，专职从业人员数量达 200
万人，语言服务企业年产值将超过 2600 亿元。其中外语
培训市场、翻译市场以及外语出版市场规模将接近 1000
亿元。苏剑利用数学模型，基于 2000 — 2012 年我国经济
增长的数据，实证研究语言产业对我国经济增长的贡献
率。最后得出结论：语言培训产业的市场产值与 GDP 存
在较强的正相关，当语言培训产业的市场产值增加 1 个
百分点，会使 GDP 增长率增长 0.09 个百分点。总之，语
言产业对经济增长的意义重大，构建语言产业发展框架
和战略非常必要，势在必行。

本小节从语言的经济学属性、语言经济价值的表现和数据说明等三个维度对语言的经济价值进行了说明。接下来将阐述有关语言产业的应用研究，更加深入具体地呈现语言产业的经济价值。

2.应用研究

根据第一小节关于语言产业的理论研究，语言产业大致可以分为语言培训业、语言出版业、语言翻译业、语言文字信息处理业、语言艺术业、语言康复业、语言会展业、语言创意业和语言能力测评等九个业态。笔者查阅关于语言产业应用研究的文献发现，关于广西、海南、杭州、江苏等地的语言产业研究相对较多，特别是广西这样汇集多种少数民族语言的地区，还有学者专门对少数民族语言资源开发及其产业化发展进行了研究。学者们的研究多从语言产业的现状、存在的问题和策略方面着手。策略维度充分展现出九个语言产业业态的作用。本节将结合语言产业的九大业态和广西等地语言产业的发展情况来进行语言产业的应用研究。

方宝在其文章中提出了少数民族地区语言资源开发的瓶颈：语言资源开发及产业化发展意识薄弱；语言资源开发及产业化发展人才缺乏；语言资源开发及产业化发展研究滞后。笔者认为，除少数民族地区之外的其他民族在语言资源开发问题上，也或多或少地存在类似的问题。破解这些问题刻不容缓。为了破解少数民族地区语言资源开发的瓶颈，方宝提到，可以大力发展少数民族语言文化旅游与艺术产业，充分发挥这些民族特色的优势。由于少数民族的语言只局限在少数人群范围内，因此单纯的语言文字服务在其经济发展中并不占优势。而语言文化与旅游、语言与艺术的结合可以大有作为。每次去少数民族地区旅游都会看到，带有少数民族语言文字的各种刺绣、服饰、工艺品、字画等旅游产品或纪念品琳琅满目，深受消费者的青睐。他还提到，一些反映少数民族历史文化并以其民族语言演出的地方特色话剧、小品、歌舞表演等文艺节目日益走入旅游与娱乐市场，成为民族文化旅游的一道亮丽风景线。无论是旅游产品或纪念品，还是文艺节目，都是语言艺术的体现，充分体现了语言艺术的经济价值。

众所周知，广西是一个多民族聚居的地区。我国学者陈莹曾对广西地区的语言使用情况进行了详细分析。她谈到，广西聚居着12个民族，除了回族使用汉语外，其他11个民族都有自己的语言，其中壮族、苗族、彝族、侗族还有自己的文字。丰富的语言资源和优越的地理环境为其赢得了东盟博览会永久落户地的殊荣。从2004年起，广西便成为东盟十国在政治、经济、文化等各方面交流的平台。自此，广西市场对英语、东盟小语种的习得、培训和翻译等的需求日益增加。笔者认为，在语言培训和语言翻译中，不可避免的一个行业是语言出版发行业，出版发行的各语种的书目和产品为语言习得提供了便利。因此，语言培训、语言翻译和语言出版发行无疑会在本地区对外交流中发挥关键作用，从而为广西的经济发展带来巨大效益。

我国学者徐艳平主要讨论了杭州市语言资源的开发及其产业研究问题。在关于推进杭州市语言产业发展的策略问题上，她谈到了应加强对重点产业的扶持，其中包含民生领域的语言服务产业，主要包括语言康复、语言会展、语言"话疗"等。笔者认为，相对于以上提到的语言艺术、语言培训、语言翻译和语言出版等语言产业而言，民生领域的语言产业服务还处于起步阶段，还没有引起学者们的足够重视。尽管如此，此领域的语言服务产业存在很大的经济价值，这些仍有待我们去研究、探索和开发。例如，当今社会，"空巢老人"的现象逐渐增多，围绕这些老人出现的语言问题也越来越多，为了能够给老人以温暖，帮助他们解决语言问题，完善社区服务体系势在必行。这不仅可以在一定程度上消除老人的孤独感，减少老人们的患病率，也可以创造一定的经济效益。

不同于以上几位研究者，学者党兰玲对河南的语言文字处理服务产业进行了探析。她谈到，河南在语言文字信息处理领域起步很早，来自河南的王永民率先解决了汉字输入计算机难题，发明了五笔字型，开创了汉字信息化的新纪元。相对于拼音输入法，五笔字型输入法重码率低、输入快捷，不仅节约了时间，还提高了效率，实际上也创造了一定的经济效益。

　　本节从语言服务的九大业态出发，结合地区研究实际，对语言产业的经济价值进行了剖析，从语言产业层面对语言和经济的应用研究进行了探析。通过整理相关文献，笔者也发现：我国的语言翻译、语言培训等提供语言产品或语言服务的业态发展迅速，语言创意和语言会展业等业态发展相对迟缓。

第三节　"一带一路"倡议研究

　　本章的前两个小节分别从语言服务和语言产业的角度出发，从理论研究和应用研究两个视角切入，对以往的相关研究进行了综合探析，并穿插了笔者的观点。本节将关注我国提出的"一带一路"倡议的举措和效果，延续前两个小节的研究思路，从理论研究和应用研究两个方面着手展开探析。在理论研究部分，本节将对"一带一路"倡议进行概括性介绍，在应用研究部分，将对

"一带一路"倡议背景下的主要实证或案例研究进行综合性探析，并适时提出笔者的观点和见解。

1. 理论研究

关于"一带一路"倡议的理论认知和解读，笔者通过查阅文献，发现关于"一带一路"倡议的理论研究主要围绕其基本内涵、背景、理论基础、共建原则、框架思路、发展历程、意义等几个方面展开。鉴于一些方面偏离了本节主旨，故本节不对"一带一路"倡议各方面的理论知识进行赘余式阐述，而只是阐释和本节内容相关的论述和研究。笔者认为，这样可在一定程度上增强本节的针对性和指向性。

2013 年，习近平总书记提出"一带一路"倡议，"一带一路"倡议包括"丝绸之路经济带"和"21 世纪海上丝绸之路"，以经济建设为主导，旨在促进沿线各国经济繁荣、政治互信、文明互鉴、共同发展，造福各国人民。这是我国在更深层次、更高水平和更大范围内与世界共融互通的新战略，是提升全球价值链和产业链合作的新举措。我国学者韩乐、张雁玲和岳丽锦曾提到，"一带一路"倡议提出的合作重点包罗万象，其框架主要包括"五通"，即政策沟通、设施联通、贸易畅通、资金融通、民心相通。国相交，民相通，首先要语相通。"一带一路"倡议为我国和共建国家的发展创造了契机，但也使我们面临很多挑战。例如：我国原有语言基础设施建设的改进与完善，各国复杂、迥异的宏观环境等。为了应对这些挑战，笔者认为，最基本的就是要培养多语种应用型翻译人才。习近平总书记曾说过："语言是了解一个国家最好的钥匙"，语言互通是"五通"实现的基础和前提。李宇明先生提出了"语言先行"或"语言铺路"的策略，目的在于以最直接有效的方式为"五通"提供优质的语言服务。我国学者包括李宇明、杨亦鸣和赵世举等都曾指出语言服务是实现"一带一路"五通的基础保障。

2017 年 10 月 12 日发布的《"一带一路"大数据报告（2017）》显示了"一带一路"倡议的官方语言数量，"一带一路"沿线共经过 64 个国家，共有 52 种语言，其中，英语、俄语和阿拉伯语是主要语言。既然语言互通是"五通"的前提和基础，所以实现 64 个国家的无障碍交流是必要的、也是必须的，翻译必不可少。由此，对于语言类人才的需求是迫切的，语言类人才的培养是当务之急。

除了人才培养，"一带一路"倡议背景下的语言服务还提出了其他要求。我国学者王芝清指出，"一带一路"的实施基础是资本走出去，应该主要包括以下几种语言服务：翻译服务、本地化服务、多语信息资讯服务以及语言技术和辅助工具的开发。翻译服务主要是为了解决语言障碍问题；本地化服务是指把产品的生产或者销售的环节按照特定的要求进行，使其符合特定的区域市场的组织变革；多语信息资讯服务是指在语言服务的相关业务中为语言信息的转换提供服务，为产品提供专业性的指导以及相应的解决方案和措施；语言技术和辅助工具的开发主要是在人们进行翻译的时候提供帮助。

同王芝清相似，我国学者赵世举从细节切入，谈及"一带一路"倡议背景下丰富多样的语言需求：语言文化融通需求、语言人才需求、语言产品需求、语言应用服务需求和语言学术需求。语言文化融通需求指的是两种或多种文化的交融，例如在土库曼斯坦，我国石油企业尊重当地文化，学习当地语言，为当地公益事业做贡献，赢得了的当地的信任和支持，从而实现了民心相通基础上的经济效益和社会效益；语言人才需求包括对专门语言人才的需求和对"语言+专业"复合型人才的需求；语言产品的范围很广，例如教材、工具书、电子书、语言学习软件、网络学习资源等都属于语言产品，此外，语言产品还包含语言文化产品，例如跨语种使用的文学作品、文化知识读本、学术著作等；语言应用服务需求范围很广，难以穷尽，诸如城乡、道路和窗口行业的语言环境建设、随时随地的个性化翻译服务，各种语言培训、语言家教等都属于语言应用服务需求；语言学术需求主要涉及民族文化生成、演进、传播和变异史，这些材料可以为其他民族的人们理解当地语言提供便利。学者赵世举在其文章中提到，我国与"一带一路"共建国家跨境的语言较多，跨境少数民族语言有33种。跨境语言都蕴含着丰富的历史积淀，了解一个民族的历史文化，有利于加强对跨境语言的深入理解。

笔者也阅读了其他一些关于"一带一路"倡议背景下语言需求的相关文献，基本上也是从以上各方面展开，故不在此一一列举。本节的第二部分将以本部分讨论的"一带一路"倡议背景下的各种语言需求为基础，并辅以具体的案例，阐释"一带一路"倡议背景下的语言应用研究。

2.应用研究

以上一部分的理论研究为基础，本部分将结合具体的案例，将"人才培养""翻译服务""本地化服务""多语信息资讯服务"等多种类型的语言服务具体化，探析"一带一路"倡议背景下相关的语言应用研究。

（1）人才培养

在人才培养方面，我国学者崔璨和王立非将人才培养和教育改革挂钩。两位学者提到，"一带一路"倡议给我国带来了机遇和挑战，语言服务直接关系到中国经济国际化的步伐和我国对外话语权的建设。在"一带一路"倡议的背景下，语言服务已成为我国文化软实力的重要组成部分，语言服务业人才培养"供给侧改革"已经迫在眉睫。高校作为最重要的语言服务人才供应方，也应结合"一带一路"的语言服务要求，培养更多的标准人才。为此，两位学者提到，顺应"一带一路"倡议的要求，高校应明确培养目标和定位，实施人才培养供给侧改革。不仅仅要将培养目标定位在培养翻译人才，而应该是培养多元化人才、复合型人才；此外，要转型升级人才培养模式，服务国家战略与行业需求。统筹规划行业差异化突出的人才培养方案，从战略上对招生语种需求和培养进行长远规划；除了以上两点，高校还应当优化育人环节与环境，培养一流语言服务人才。

同以上两位学者相似，我国学者张健稳也对"一带一路"倡议背景下多语种应用型翻译人才的培养提出了对策，即要加强市场需求调研，合理规划多语种翻译人才培养布局。既要对我国企业多语言翻译服务需求进行调研，又要对我国高校现有的多语种语言服务现状进行调研，找出"供应"与需求之间的差距，以找到今后人才培养的方向。除了做好调研，张健稳还提出各高校要明确专业办学特色，实现由单一通用型向特色应用型转变，要结合地方产业"走出去"的语言服务需求，明确具有地方产业特色的应用型翻译专业人才培养目标定位。这与崔璨和王立非关于高校人才培养的要求是一致的。

较以上研究更为具体的是我国学者赵聪，其研究立足于黑龙江省，探究了"一带一路"倡议背景下黑龙江省高校英语服务质量提升的路径。首先，黑龙江省高校要树立"一带一路"语言服务人才观，改革大学英语课程模式，设置集"专业技能""实践应用"和"创新创业"于一体的外语服务课程体系；其次，要加强多元化"英语+专业"的复合型语言人才的培养。黑龙江应用型本科院校可以结合学生的专业，从大学一年级开始就将专业外语引入日常通用英语的教学之中，为培养复合型人才做准备。

笔者认为，黑龙江省的案例研究具有一定的普适性，国内其他应用型院校也可以结合不同专业的特点，改进课程模式，以不断适应"一带一路"倡议的具体需要。复合型语言人才的培养为"五通"提供了强大的后备力量，便于我国与其他各国之间的交流和贸易往来。笔者认为，复合型应用人才的课程培养模式，在服务"一带一路"倡议共建国家发展的同时，可望为我国带来巨大的经济和社会效益。

（2）多语信息资讯服务的完善

理论研究部分已经提到，多语信息资讯服务指在语言服务的相关业务中为语言信息的转换提供服务，为产品提供专业性的指导以及相应的解决方案和措施，涵盖范围很广，本部分将结合相关文献，对典型的案例进行说明，阐释"一带一路"倡议背景下多语信息资讯服务的重要意义。

我国学者王传英、崔启亮和朱恬恬提出了我国"一带一路"倡议背景下关于国家语言服务基础设施建设的构想，针对我国语言服务存在的问题，三位学者提出了一些建议：合理规划，突出重点。"一带一路"倡议背景下，我国语言服务基础设施建设要围绕有效服务"一带一路"倡议、"讲好中国故事、传播好中国声音"展开，突出翻译行业协会的主导地位，动员全社会力量积极参与。

我国学者徐亚妮从语言经济学的视角出发，对常州市"一带一路"倡议下的开放经济发展新路径进行了探究。徐亚妮指出：在我国，除北京、上海等国际性大都市以外，绝大多数城市对语言环境建设并未引起重视。正如王立非所言："由于企业大都需要将语言服务外包，而目前国内的语言服务市场又呈现良莠不齐的局面，由于没有权威认证和客观标准，所以企业在选择语言服务供应商时带有较大随机性，导致试错成本较高"。面对这种情况，我国政府应当组建专门的语言翻译服务中心，多吸纳复合型人才，为国内外企业和政府相关部门提供专业化、标准化的语言翻译服务。只有这样，我们才能吸纳更多的合作伙伴，创造更大的经济效益。

除了语言服务和语言咨询机构的不完善，徐亚妮还指出常州市的信息服务系统需要完善。她谈到，调查显示，常州重要的政府及旅游网站未曾开设英语版本。尽管一些公共场所的官方网站是多语种的，但也存在一些问题，例如翻译不精准、信息更新延迟等，不能有效地向外国友人传递信息，不利于常州市"走出去"，与国际接轨。笔者看来，这样的问题在我国其他地方的官网上也同样存在，阻碍了外国人对中国的了解。因此，在"一带一路"倡议背景下，非常有必要完善官方网站，以更好地实现"五通"，不能因为信息的不通而影响"五通"的实现。

此外，医疗、求助体系的不完善问题也存在。徐亚妮曾查阅了常州三家医院的网站，他们都是只提供中文版的内容。她还实地考察了一些医院，发现有些医院科室的门牌有英文翻译，但缺少详尽的就医指南。此外，城市公共信息服务体系的求助电话（如110、120、119、122等）及咨询电话（如114、121、117等）均使用汉语进行服务。这两个方面的不完善无疑给外国友人带来了很大的不便，不利于"五通"的顺利开展。在笔者看来，构建多语种的城市公共信息服务体系势在必行。

各地都应当从常州市的案例中吸取经验教训，不断完善当地的信息资讯服务系统，为我国的经济文化发展和"一带一路"倡议更好地实施奉献一份力量。

（3）国家政策调整

除了复合型人才培养、教育培训改革、语言服务体系完善外，笔者认为，在满足"一带一路"倡议的语言需求的过程中起着特别关键作用的是各级政府。各级政府要结合"一带一路"倡议的实际需要，深入调研，从具体实际出发，制定科学有效的语言政策和语言规划。

我国学者郭凤青和周亚莉在谈到甘肃省语言服务的战略服务时提出，政府要提高政策扶持力度，各企业也要积极落实国家和地方政府对促进语言服务业发展所采取的诸多政策、措施，提高对语言服务重要性的认识，将语言服务业纳入地方政府的服务业发展规划中。国家要加大对语言服务业的资金支持，提供足够的物质基础。

在谈到广西语言服务的发展战略时，我国学者袁媛也提出，广西语言战略的提升得益于国家的政策扶持，政府的支持增强了当地人对语言服务业的重视。她还指出，为了进一步推进广西语言服务的发展，当地要坚定对语言服务业发展的支持，结合现实市场需求与自身资源优势，在充分论证的基础上及时调整和完善相关语言政策和语言规划，以适应"一带一路"倡议的新要求。

总之，"一带一路"倡议背景下语言政策的调整和完善，有利于促进语言服务业的发展，为当地带来巨大的经济效益。

（4）其他应用研究

除了以上谈到的"一带一路"倡议背景下的人才培养、多语信息资讯服务和国家政策调整的应用研究，还有很多其他研究，因为这些研究相对零散，且不能归于以上类别，故在此一并进行综述式探析。我国学者张亮和张秋香提到，"一带一路"共建国家语言、文化丰富且差异显著，仅仅依靠英语等国际用语很难真正实现"一带一路"倡议的宏伟目标。为了切实发挥语言服务的作用与力量，让"一带一路"倡议真正惠及沿线各国人民，需要借力科技、互联网与大数据。"互联网＋语言服务"新模式，可以为"一带一路"建设提供强有力的语言支持，并为经济社会的发展做出贡献。两位学者谈到，国内某公司从事"语联网"建设，主要是借助网络通信与智能科技，调控整合各类语言资源，使人类沟通没有障碍。一些有战略目光的语言服务研究企业已经纷纷行动起来。在笔者看来，互联网高速、方便、快捷，"互联网＋语言服务"组合如虎添翼，二者的有机结合可以更快地解决语言障碍问题，使语言服务的质量和水平再上一个台阶，为"一带一路"倡议保驾护航，最终带来巨大的社会效益和经济效益。

我国学者张宏宇对我国"一带一路"倡议背景下的外宣语言能力建设进行探究。他从多个方面着手，从语言维度切入，谈及宣传我国的举措。首先，在语言理论中国学术话语体系的建构中，我国要立足于中华传统文化和中国实践的理论创新；其次，要从多角度出发，进行话语的对外宣传，例如政府层面话语的对外宣传、社会文化往来等层面话语的对外宣传以及制定相应的外宣语言服务规划和建构服务体系；最后，在学术意义上，也要注意话语语用策略的设计，遵从"目的论"的语用原则，使外宣话语朝着预期目的发展。这些措施无疑会对"一带一路"倡议起到推动作用，也可以充分彰显我国的国家形象，使世界更加了解中国，确保"一带一路"倡议的顺利实施，为我国和"一带一路"共建国家带来预期的经济效益。

我国学者王巧宁和张焱针对"一带一路"倡议背景下广告语的翻译发表了自己的观点。两位学者谈到，对于出口到国外的商品而言，译者要慎重考虑其语言效果所带来的经济效益。在笔者看来，首先，翻译之后的广告语要新颖，足以给人留下很深的印象；其次，译者在翻译出口商品广告时，也要顺应外国人的心理，注意措辞和语句，把握对方的心理特点，进而争取最大的经济效益。要做到这一点，需要长期积累，这就需要译者在具备良好语言基础的前提下，持之以恒、不断摸索。

以上诸项"一带一路"倡议背景下语言经济的应用研究表明，作为一个宏伟工程，无论是对于我国，还是对于"一带一路"共建国家，都有望带来巨大的经济效益。其中方方面面的相关问题值得深入研究和探讨，也期待不同领域的学者进一步去探讨。

参考文献

一、专著

［1］黄少安，张卫国，苏剑，2017.语言经济学导论［M］.北京：商务印书馆.

［2］靳希斌，1995.从滞后到超前——20世纪人力资本学说·教育经济学［M］.济南：山东教育出版社.

［3］鲁宾斯坦，2004.经济学与语言［M］.钱勇，周翼，译.上海：上海财经大学出版社.

［4］索绪尔，1980.普通语言学教程［M］.高名凯，译.北京：商务印书馆.

［5］王立非，2016.中国企业"走出去"语言服务蓝皮书（2016）［M］.北京：对外经济贸易大学出版社.

［6］张五常，2003.经济解释［M］.北京：商务印书馆．

［7］祝畹瑾，1992.社会语言学概论［M］.长沙：湖南教育出版社．

二、期刊

（一）国内期刊论文

［1］薄守生，2015.起步、融合与创新：语言经济学在中国［J］.语言文字应用（03）：58-67.

［2］陈家晃，段成，2009.广告语中的语音隐喻初探［J］.湖南医科大学学报（社会科学版）11（02）：239-241.

［3］陈建先，2018.博弈理论框架：一个理论体系的建构［J］.重庆理工大学学报（社会科学版）32（01）．

［4］陈鹏，2012.语言产业的基本概念及要素分析［J］.语言文字应用（03）：16-24.

［5］陈鹏，2016.语言产业经济贡献度研究的若干问题［J］.语言文字应用（03）：86-93.

［6］陈文凯，2013.语言经济学视域下的语言生活与语言服务［J］.河南社会科学21（09）：80-83.

［7］陈依洁，2018.我国近五年语言服务研究综述

［J］.兰州教育学院学报 34（06）：38-40.

［8］陈莹，2018.广西语言产业发展初探［J］.广西青年干部学院学报 28（06）：60-62，75.

［9］陈章太，2008.论语言资源［J］.语言文字应用（01）：24-30.

［10］程海东，杨雅恬，2018.基于海南"十三五"特色产业体系的语言服务产业发展模式研究［J］.特区经济（11）：38-41.

［11］程平，2010.博弈论视域下的语言理解与语言理论分析［J］.辽宁工程技术大学学报（社会科学版）12（06）：616-620.

［12］褚凌云，邵薇薇，2017.外语教学为哈长城市群经济外向化建设服务的几点思考[J].黑龙江教育（理论与实践）（12）：18-23.

［13］崔启亮，刘佳鑫，2016.国有企业语言服务需求调查分析及启示［J］.中国翻译 37（04）：70-76.

［14］党兰玲，2016.语言与经济的互动关系［J］.华北水利水电大学学报（社会科学版）32（03）：68-70.

［15］丁云亮，李源，2014.我国语言产业研究的现状与前景［J］.湖南大众传媒职业技术学院学报 14（06）：68-71.

［16］董毓华，2015.中国企业走出去的现状和对语

言服务的需求［J］.企业改革与管理（17）：194-195.

［17］董悦，2012.语言也是一门产业［J］.中国图书评论（11）：110-111.

［18］段红鹰，娄玉娟，2010.英语教育缘何低效：基于语言经济学的分析［J］.教育学术月刊（08）：106-107.

［19］范宏伟，刘晓民，2007.中国软实力的培育：当前海外华文教育发展状况——"第五届国际华文教育研讨会"综述［J］.南洋问题研究（04）：98-102.

［20］范学刚，2014.经济对语言作用的研究［J］.现代交际（01）：36.

［21］方宝，2015.少数民族语言资源开发及其产业化发展研究［J］.鸡西大学学报15（04）：57-59.

［22］风罡，2014.语言和经济的关系分析［J］.开封教育学院学报34（01）：58-59.

［23］甘智敏，梁晓波，2006.英汉经济新闻中概念隐喻的对比研究［J］.长沙大学学报（04）：89-91.

［24］高传智，2013.当前我国语言产业的发展状况及相关思考［J］.云南师范大学学报（哲学社会科学版）45（05）：48-54.

［25］郭凤青，周亚莉，2016."一带一路"背景下甘肃省语言服务业发展战略研究——基于SWOT的分析

［J］．兰州文理学院学报（社会科学版）32（05）：95-99.

［26］郭龙生，2012.论国家语言服务［J］.北华大学学报（社会科学版）13（02）：12-19.

［27］郭书谏，2017.语言经济学在国内的发展——兼评 The Economics of Linguistic Diversity［J］.黑龙江科技信息（05）：293-294.

［28］韩宁，2015.大庆市外语语言服务环境规划建设策略［J］.《大庆社会科学》（04）：93-94.

［29］何花，2012.社会经济发展中的古文化传播——语言符号在仿古建筑文化传播中的应用［J］.生产力研究（11）：95-96.

［30］贺潇潇，张海燕，2017.语言服务助力中国企业"出海"探索与思考——以中国"出海"美国和本土语言服务企业为例［J］.对外传播（05）：41-43.

［31］贺一舟，钟芳茹，2017.地方高校"创客"式语言服务中心的建构与运行——以新余学院为例［J］.新余学院学报22（06）：132-133.

［32］赫琳，2017.语言经济功能再认识［J］.武汉大学学报（人文科学版）70（06）：105-110.

［33］黄少安，苏剑，张卫国，2012.语言产业的涵义与我国语言产业发展战略［J］.经济纵横（05）：

24-28.

［34］黄少安，张卫国，苏剑，2012.语言经济学及其在中国的发展［J］.经济学动态（03）：41-46.

［35］黄知常，2002.修辞与语言经济学［J］.衡阳师范学院学报（社会科学版）（01）：107-110.

［36］姜望琪，2005.Zipf 与省力原则与省力原则[J].同济大学学报（社会科学版）（1）：87-93.

［37］柯贤兵，廖美珍，2011.法庭调解话语博弈交际研究［J］.外语学刊（05）：70-75.

［38］李朝，2000.叶斯柏森论语言的变化［J］.外语教学与研究（06）：18-24.

［39］李德鹏，2014.论语言资源的内涵与外延［J］.云南师范大学学报（对外汉语教学与研究版）12（02）：84-88.

［40］李明，2005.商务用途英语中经济类文本里的隐喻机制及功能［J］.广东外语外贸大学学报（02）：25-28.

［41］李守身，黄永强，2001.贝克尔人力资本理论及其现实意义［J］.江淮论坛（05）：28-35.

［42］李现乐，2010.语言资源和语言问题视角下的语言服务研究［J］.云南师范大学学报（哲学社会科学版）42（05）：16-21.

［43］李现乐，2018.语言服务研究的若干问题思考［J］.云南师范大学学报（哲学社会科学版）50（02）：51-57.

［44］李宇明，2011.语言也是"硬实力"［J］.华中师范大学学报（人文科学版）50（05）：68-72.

［45］李宇明，2014.语言服务与语言消费［J］.教育导刊（07）：93-94.

［46］李玉，赵迎迎，2015.语言产业的经济价值研究和发展设想［J］.华东经济管理29（06）：100-104.

［47］李沅静，2018.博弈论在市场竞争中的应用［J］.现代商贸工业39（03）：66-67.

［48］梁婧，庞奔奔，2012.从当代修辞学角度看经济话语的修辞本质［J］.百色学院学报25（01）：96-98.

［49］林勇，宋金芳，2004.语言经济学评述［J］.经济学动态（03）：65-68.

［50］刘国辉，张卫国，2013.从"产业倡议"到"语言红利"：加拿大的语言产业及其对中国的启示［J］.云南师范大学学报（哲学社会科学版）45（05）：34-40.

［51］刘国辉，张卫国，2017.西方语言经济学研究的新进展：趋势与评价［J］.武汉大学学报（人文科学版）70（06）：111-118.

［52］刘焱可，2008.从省力原则看言语交际［J］.安徽文学（08）：319-321.

［53］刘振平，黄章鹏，2019.广西风景区语言服务研究——以青秀山风景区语言景观为研究个案[J].广西师范学院学报（哲学社会科学版）（1）：176-180

［54］罗士俐，2011.外部性理论价值功能的重塑——从外部性理论遭受质疑和批判谈起［J］.当代经济科学33（02）：27-33.

［55］罗晓燕，葛俊丽，2007.商务用途英语中的概念隐喻认知机制［J］.商场现代化（14）：7-8.

［56］苗荣，吴旻，2013.语言传播与经济发展的关联性研究［J］.生产力研究（04）：69-72.

［57］蒲春春，2008.语言跨文化传播的途径［J］.玉林师范学院学报29（06）：77-80，94.

［58］戚田莉，2012.语言经济学视角下的大学通识外语的实践改革研究［J］.中国电化教育（12）：119-122.

［59］秦颖，2006.论公共产品的本质——兼论公共产品理论的局限性［J］.经济学家（03）：77-82.

［60］屈哨兵，2007.语言服务现状的个案分析及相关建议与思考——以产品说明书语言服务状况为例［J］.绍兴文理学院学报（哲学社会科学版）（03）：

26-34.

[61] 任荣，2003.流行语背后的语言经济学［J］.重庆大学学报（社会科学版）（05）：150-152.

[62] 任荣，2003.语言经济学：一门方兴未艾的学科［J］.黑龙江农垦师专学报（03）：23-26.

[63] 宋朝和，2016.关于经济学时间概念及经济时空分析框架的思考［J］.北京交通大学学报（社会科学版）15（03）：1-15.

[64] 宋潇，2016.基于资源和资本双重视角下语言产业经济价值研究［J］.中国内部审计（11）：94-97.

[65] 宋金芳，林勇，2004.语言经济学的政策分析及其借鉴［J］.华南师范大学学报（社会科学版）（06）：81-86.

[66] 苏剑，2016.经济学视野下的语言趋同研究：假说、验证及预测［J］.山东大学学报（哲学社会科学版）（02）：53-60.

[67] 苏剑，葛加国，2013.基于引力模型的语言距离对贸易流量影响的实证分析——来自中美两国的数据［J］.经济管理研究29（04）：61-65.

[68] 苏剑，张雷，2010.语言经济学的成长［J］.西部论坛20（04）：37-43.

[69] 唐晓嘉，2000.试析辛提卡的语言博弈论［J］.

西南师范大学学报（人文社会科学版）（04）：39-44.

［70］田海龙，2008.语篇研究的批评视角[J].外语教学与研究（5）：339-344.

［71］田晖，蒋辰春，2012.国家文化距离对中国对外贸易的影响——基于31个国家和地区贸易数据的引力模型分析［J］.国际贸易问题》（03）：45-52.

［72］王爱学，赵定涛，2007.西方公共产品理论回顾与前瞻［J］.江淮论坛（04）：38-43.

［73］王传英，崔启亮，朱恬恬，2017."一带一路"走出去的国家语言服务基础设施建设构想［J］.中国翻译38（06）：62-67.

［74］王淳，2016.语言学跨学科理论演进中的路径依赖与整合——基于语言经济学的研究［J］.东北师大学报（哲学社会科学版）（06）：120-125.

［75］王巧宁，张焱，2015."一带一路"战略构想下的广告翻译研究［J］.未来与发展39（12）：77-80.

［76］王淑贞，2012.外部性理论综述［J］.理论经济学：52-54.

［77］王芝清，2018."一带一路"背景下内蒙古区域性语言服务模式［J］.内蒙古电大学刊（06）：26-32.

［78］韦森，2004.哈耶克式自发制度生成论的博弈论诠释——评肖特的《社会制度的经济理论》［J］.南大

商学评论（02）.

　　［79］吴海荣，2003.亨德森的经济文本修辞观［J］.修辞学习（02）：16-18.

　　［80］向明友，2000.索绪尔语言理论的经济学背景[J].外国语（上海外国语大学学报）（2）：15-20.

　　［81］徐大明，2008.语言资源管理规划及语言资源议题［J］.郑州大学学报（哲学社会科学版）（01）：12-15.

　　［82］徐亚妮，2017.“一带一路”战略下常州开放经济发展新途径研究——基于语言经济学视角［J］.山东农业工程学院学报34（01）：56-59.

　　［83］徐艳平，2020.杭州市公共空间语言景观国际化问题调查研究[J].河北企业（7）：49-51.

　　［84］杨菊花，2013.从省力原则看网络缩略语［J］.佳木斯教育学院学报（06）：204-205.

　　［85］袁军，2014.语言服务的概念界定［J］.中国翻译35（01）：18-22.

　　［86］袁俏玲，2007.简论经济语言学［J］.船山学刊（03）：145-150.

　　［87］袁俏玲，2007.语言与经济的关系探微［J］.湖南科技学院学报28（05）：107-109.

　　［88］袁媛，2018.“一带一路”框架下广西语言服务

竞争力分析及提升策略［J］.百色学院学报 31（02）：127-131.

［89］张淦锋，2007.关于经济外部性的探讨［J］.金融经济月刊（04）：26-27.

［90］张宏军，2008.外部性理论发展的基本脉络［J］.生产力研究（13）：20-22.

［91］张宏雨，2017."一带一路"实践背景下我国外宣语言能力建设.信阳师范学院学报（哲学社会科学版）37（04）：83-88.

［92］张健稳，2018."一带一路"背景下多语种应用型翻译人才培养探讨［J］.上海翻译（04）：63-67.

［93］张亮，张秋香，2016."一带一路""互联网＋"与语言服务——由《汉语资源及其管理与开发》所想［J］.渤海大学学报（哲学社会科学版）38（01）：81-84.

［94］张卫国，陈贝，2014.引力模型与国际贸易问题中的语言因素：一个文献评述［J］.制度经济学研究（01）：227-238.

［95］张卫国，陈屹立，2006.经济学的语言与语言的经济学——语言经济学的一个综述［C］.中国制度经济学年会论文集：1086-1105.

［96］张卫国，刘国辉，2012.中国语言经济学研究

述略［J］.语言教学与研究（06）：102-109.

［97］张文，沈骑，2016.近十年语言服务研究综述［J］.云南师范大学学报（对外汉语教学与研究版）14（03）：60-69.

［98］张先亮，李萃媛，2018.语言服务在新型城镇化中的地位与作用［J］.浙江师范大学学报（社会科学版）43（04）：66-71.

［99］张忻，2007.语言经济学与语言政策评估研究［J］.语言文字应用（04）：13-20.

［100］赵聪，2018."一带一路"与提升黑龙江高校英语教学服务质量［J］.学理论（11）：205-206.

［101］赵耿林，2007.论会话语篇省略的理据［J］.韶关学院学报（04）：112-115.

［102］赵丽梅，朱乐红，2009.从博弈论谈商务谈判语言交际中的合作原则及其应用［J］.太原师范学院学报（社会科学版）8（02）：127-129.

［103］赵世举，2010.语言观的演进与国家语言战略的调适［J］.长江学术（03）：124-131.

［104］赵世举，2015."一带一路"建设的语言需求及服务对策.云南师范大学学报（哲学社会科学版）47（04）：36-42.

［105］赵世举，葛新宇，2017.语言经济学的维度及

视角［J］.武汉大学学报（人文科学版）70（06）：
92-104.

［106］郑颐寿，2000."四六结构"与修辞［J］.修辞学习（04）：13-15.

［107］朱立华，2009.经济修辞学研究概述［J］.天津商业大学学报29（05）：42-46.

［108］朱艳，2003.论外部性问题及校正途径［J］.湖南商学院学报（04）：31-33.

［109］庄金英，2012.浅议英语词汇发展变化及其影响因素［J］.内蒙古农业大学学报（社会科学版）14（01）：374-376.

（二）国外期刊论文

［1］Arrow K J, 1963. The Economic implications of learning by doing［J］. The Review of Economic Studies 29（3）：155-172.

［2］Breton A, 1978. Nationalism and language policies［J］. Canadian of Journal of Economics（11）.

［3］Carliner G, 1981. Wage differentials by language group and the market for language skills for Canada［J］. Journal of Human Resources 16（3）：384-399.

［4］Chiswick B, 1991. Speaking, Reading, and Earnings among Low-Skilled Immigrants［J］. Journal of Labor Economics 9 （2） ： 149 - 170.

［5］ Chiswick B, Miller P, 1999. Language Skills and Earnings among Legalized Aliens ［J］. Journal of Population Economics 12 （1）: 63–89.

［6］ Dustmann C, 1994. Speaking Fluency, Writing Fluency and Earnings of Migrants ［J］. Journal of Population Economics 7 （2） ： 133 –156.

［7］ Fidrmuc J, Fidrmuc J, 2009. Foreign languages and trade ［J］.CEDI Discussion Paper.

［8］ Frankel J, Rose A, 2002. An estimate of the effect of common currencies on trade and income ［J］. Quarterly Journal of Economics 117 （2）: 437–466.

［9］ Grenier G, 1987. Earnings by Language Group in Quebec in 1980 and Emigration from Quebec between 1976 and 1981 ［J］. Canadian Journal of Economics 20 （4）: 774 –791.

［10］ Grin F, 2003. Language planning and economics ［J］. Current Issues in Language Planning 4 （1）: 1–66.

［11］ Hutchinson W K, 2002, Does case of communication increase trade? Commonality of language and bilateral trade ［J］. Scottish Journal of Political Economy: 554–556.

［12］ Ku H, Zussman A, 2010. The role of English in

international trade. Behavior & Organization 75 （2）： 250-260.

［13］ Lohmann J， 2011. Do language barriers affect trade? ［J］. Economics Letters 110 （2） ： 159-162.

［14］ Marschak J， 1965. Economics of Language ［J］. Behavioral Science 10 （2） ： 135 - 140.

［15］ Melitz J， 2008. Language and foreign trade ［J］. European Economic Review 52： 667-699.

［16］ Reagan T， 1983. The economics of Language： Implications for language planning ［J］. Language Problem and Language Planning （2）： 148-161.

［17］ Ridler N B， Pons-Ridler S， 1986. Economic analysis of Canadian language policies： A model and its implementation ［J］. Language Problem and Language Planning （1）： 42-58.

［18］ Rubinstein A， 1982. Perfect equilibrium in a bargaining model ［J］. Econometrica， 50： 97-109.

［19］ Rubinstein A， 1985.A bargaining model with incomplete information about time preference ［J］. Econometrica， 53： 1151-1172.

［20］ Schultz TW， 1961. Investment in human capital ［J］. American Economic Association 15 （1）： 1-17.

［21］ Selmier Ⅱ W T， Oh C H， 2012. The power of

major trade languages in trade and foreign direct investment [J]. Review of International Political Economy： 1-29.

［22］Tainer E， 1988. English language proficiency and the determination of earnings among foreign-born Men ［J］. Journal of Human Resources 23（1）： 108-122.

［23］Vaillancourt F， 1983. The economics of language and language planning ［J］. Language Problems and Language Planning 7（2）： 162-178.

［24］Walsh J R， 1935. Capital concept applied to man ［J］. The Quarterly Journal of Economics 49 （2）： 255-285.

三、报纸

［1］曹明华，季海龙.2016.建设智慧城市，语言服务要跟上［N］.中国城市报1月18日第027版.

［2］韩乐，张雁玲，岳丽锦，2017.融入"一带一路"呼唤语言人才［N］.山西日报6月13日第010版.

［3］黄少安，苏剑，张卫国，2012.语言经济学与中国的语言产业战略［N］.光明日报3月2日第11版.

［4］教育部，国家语委，2013.国家中长期语言文字事业改革和发展规划纲要（2012－2020年）［N］.中国教育报1月3日第4版.

〔5〕李宇明，2018."一带一路"语言铺路〔N〕.光明日报8月12日第12版.

〔6〕杨亦鸣，2019."一带一路"需要语言服务[N].新华日报5月7日第14版.

〔7〕张卫国，2009.语言经济学研究存在三个主要维度〔N〕.光明日报11月24日第10版.